— 自然 生命 成长 和谐 —

《幼儿园生命成长启蒙教育课程》丛书编写委员会

主 编

陈学群

副主编

吴耀群 彭 云 乔 彦

编 委

（以姓氏笔画为序）

王 妍 王晓玲 许建华

杨己洁 吴忆菁 陈 乐

范 曌 易 娟 赵 茜

排 版

朱映彤

幼儿园生命成长启蒙教育课程丛书

教师用书 小班（下）

杨己洁 陈乐 著

南京师范大学出版社

序　一

叶圣陶先生说过："教育是农业，而不是工业。"我非常赞同这一观点。

教育是农业，儿童是种子，教师是农夫。种子的胚胎孕育着无穷的生命力，农夫把种子植入土壤，种子吸收水分和营养，自然地、自主地生长。农夫再好、再高明，也终究代替不了种子成长，只能帮助种子成长，而种子需要"亲自"成长。种子是生命成长的主体。农夫的作用只在于为种子提供适合的条件和环境，助力种子的成长。我之所以不赞同"教育是工业"，是因为工业是加工，是塑造，并且现代工业是机械化地加工划一性的产品。如果教育是工业，教师是工人，儿童就是被加工、被改造的对象，而不再是一个有充分生命活力的人，不再是一个具有独特生命的"我"。教育是农业，而不是工业，意味着教育要尊重儿童生命的本性，把他们真正当作教育活动的主体，使他们依靠自己的力量，率性发展，实现自我。

教育的农业隐喻，意味着教师必须为儿童的成长提供条件，让儿童自主成长。二幼的老师深谙这一教育哲理，提出了"生命成长"启蒙课程。"生命成长"启蒙课程，是幼儿阶段实施的基于生命、通过生命、为了生命的课程。基于生命，就是课程以生命为原点，直面生命发展的需要；通过生命，就是通过生命的活动，遵循生命发展的规律；为了生命，就是为了生命的成长，促进儿童全面而和谐、自由而充分、独特而富有个性的发展。

生命成长的课程是基于儿童的课程，是"儿童在中央"的课程。长期以来，课程被视为有计划的教学科目。如此理解的课程，是专家、教师、成人为儿童编制的课程，在这样的课程中，尽管有这样那样"为了儿童"的理由，但终究不是儿童的自我选择。课程是成人为儿童谋划的课程，成人是课程的"主人"，儿童是课程的"客人"。生命成长的课程从儿童出发，从儿童的天性出发，从儿童生命成长的需要出发，将儿童放在正中央，真正成为儿童自己的课程，成为儿童选择和喜欢的课程。

生命成长的课程是儿童探索和体验的课程。儿童的生命是自主的，自主的生命只有通过自由自主的活动展现出来。因此，生命成长的课程不同于学科本位的课程，它遵循的不是知识的逻辑，而是生命的逻辑，是儿童生命的经历和体验。它需要借助儿童的活动，在活动中体验，在参与中收获。这种收获，远不止知识、能力，更多的是生命的获得感。课程中的儿童，是活泼的、充满生机的，因此，也是可爱的、幸福的。

生命成长的课程是生活的课程。生活是生命的展现，生命成长的课程不仅内容源于生活，而且课程本身也是生活。当年杜威批判学校脱离社会，教育脱离生活，为改变这种状况，他倡导"教育即生活""学校即社会"。而今天，这一切又在"生命成长"课程中得以重现。在二幼花园般的校园里,儿童喜欢沐浴在大自然的阳光下,在草地上、绿荫中做一个顽童,做一个"农夫";喜欢在生活馆中做一个摆弄锅碗瓢勺的"厨师"……他们尽情地玩耍,在亲近自然中聆听生命的律动,体验生命的惊喜,收获着幸福,收获着童年。

生命成长的课程是诗意的课程。诗意是自主的、自由的、天真的、烂漫的,是生活的一种自在状态,也是生活的一种憧憬与追求。"人,诗意地栖居在大地"。德国19世纪浪漫派诗人荷尔德林的这句诗,深刻阐释了生命的本性、生命的渴求。生命成长的课程,使儿童生命诗意地栖居于课程中。在二幼,看到了快乐的儿童,或游戏,或种植,或探究……他们在游戏中,在生活中,也在学习中。在这里,生活就是课程,游戏就是学习。

儿童成长的课程有着太多的特质,但所有的特质都围绕着一个核心,这就是"儿童",一个站立起来的儿童。儿童是鲜活的生命体,儿童是有生命力的,儿童是美好的,儿童是天真的、善良的,有着生命冲动和好奇,有着学习和探究的欲望……这就是儿童的天性。我们的教育能做的就是呵护天性,为儿童的发展不断地创造条件。教师是"园丁",为充满生机的"禾苗"浇水、施肥、撒药,欣喜地看着他们茁壮成长。

二幼的教师们不仅谙熟生命成长的原理,还创造性地把这些原理变成了教育行动。多年来,从"健康成长"到"生命成长",沿着"生命成长之路",他们一路探索,一路走来。"尊重儿童、崇尚天性、自由充分、完整儿童",这一令人兴奋不已的教育理念,在二幼,在二幼的"生命成长"启蒙课程中,变成了现实。他们取得了成功。这种成功不仅仅是建构了生命成长启蒙教育的课程,更在于他们培养了"亲近自然、热爱运动、良好品性、乐于探究"的幸福儿童。

我由衷地祝贺二幼,祝贺他们在课程开发上取得的成绩,更祝福二幼的孩子们,因为你们在活动中拥有一个幸福的童年,那将是你们一生永远的财富。

南京师范大学　冯建军

2017 年 10 月

序 二

沿着生命成长之路前行

这里是幼儿生活的乐园，绿树葱葱，花香弥漫，乐韵悠扬；这里是幼儿游戏的天堂，以树为荫，以水为饮，以石为趣。

在这里，回归自然的生命成长启蒙教育正在启程，让幼儿享有幸福的童年生活，让自然典雅和生命灵动相融，让"生命孕育于自然之源，成长得之于和谐之境"的教育理念得以体现。在这所古朴典雅的园子里，教师、幼儿与家长一同创造优质愉悦的教育生活。

为了幼儿的健康成长，来吧！让我们一起经历生命的传奇，一起享用自然的馈赠，一起感受成长的欣喜。

一、从"健康成长"走向"生命成长"

我们的幼儿园——南京市第二幼儿园（简称二幼）是一所江苏省省级示范园，历史悠久，创办于1949年，美国前大使司徒雷登先生曾经在这里居住过，20世纪50年代至90年代末期是一所寄宿制的幼儿园，优质的幼儿保育保健使二幼远近闻名，也成为二幼健康教育特色的起源。自"九五"起，南师大教科院唐淑、张慧和、虞永平、顾荣芳等多位教授来园指导，由此开始了我们的"幼儿健康教育实践探索之路"。"十五"期间，我们从集体教学形式的幼儿健康教育开始摸索架构综合主题式的"健康成长"园本课程。"十一五"期间开始深入研究"幼儿生命安全保护的实践研究"。至此，二幼在"健康教育"特色的引领、拓展下相继形成了"信息技术""幼儿戏剧""数字美术"等个性鲜明的特色课程。"十二五"期间，随着所参与的省市规划课题研究的不断深入，课程内容日益丰富，课程结构趋于合理、课程内涵得以充分拓展，在全园教职工多年的共同努力和园本文化的积淀中，我们提出了幼儿园生命成长启蒙教育课程，一脉传承的园本特色也为幼儿园生命成长启蒙教育课程的不断架构、丰富与实施提供了肥沃的土壤。

从"健康成长"走向"生命成长"，我园的健康教育从单领域的健康教育走向课程理念下的健康教育，从关注幼儿的自身行为习惯的养成到关注幼儿、教师、家长三方构成的微观环境产生的教育影响，从幼儿被动接受健康教育到激发幼儿生命个体主动探寻、实现自己内在成长的动力。幼儿园生命成长启蒙教育课程以生命个体为中心，更加关注幼儿成长的过程，关注幼儿主体建构。幼儿园生命成长启蒙教育课程把幼儿的生活经验作为课程的内容和资源，让幼儿学习的过程成为生命的展现历程，让园本课程成为幼儿发展历程中的一段记录。生命成长启蒙课程，把人的生命发展作为课程的原点和核心，引导他们不断地超越自我，过有意义、有价值的生活，提高现实生活的质量，促进幼儿生命和教师教育生命的不断发展和完善。

二、幼儿园生命成长启蒙教育课程

二幼的幼儿园生命成长启蒙教育课程，以"生命孕育于自然之源，成长得之于和谐之境"为核心价值追求，将教育定位为回归自然的生命成长启蒙教育；以"致力于促进幼儿全面而和谐、自由而充分、独特而富有个性的发展"为课程宗旨，着力培养"亲近自然、热爱运动、良好品性、乐于探索"的健康向上的幸福儿童。

课程宗旨

让幼儿享有幸福的童年生活，获得全面而和谐、自由而充分、独特而富有个性的发展。

课程关键词

自然的——让花园、草地、菜园、果园、养殖园成为幼儿的天堂，成为幼儿游戏、探究、实践的乐园；让幼儿和大地亲密接触，在亲近和喜爱大自然中体会生命的跃动、生命的惊喜；让教师在遵循幼儿生命特点和规律的前提下实施开放、动态的课程，运用自然界和生活中常见的材料，营造班级活动环境，提升各项活动的教育质量，运用师幼平等的对话和交流方式，引导幼儿参与体验，促进生命发展，形成具有生命促进意义的幼儿园环境和文化。

生长的——让教师的教学充满创造性和个性，让幼儿有自主支配的时间和空间，以游戏的状态去学习和生活，去体验，去探险，教师和幼儿在双向互动中共同创造"生命成长"，享受生命的幸福。以关注幼儿真实性表现为重点凸显幼儿发展的过程评价，记录幼儿在真实生活、真实情境中如何与环境、同伴互动，幼儿在解决问题、同伴互动时所展现的所知所能，帮助教师了解幼儿建构知识的历程，从而更了解自己在教什么，还需要做哪些事。让课程在幼儿、教师、家长的共同推进中不断创造、丰富、完善，成为幼儿生命历程中的一段宝贵记录，同时实现园本课程的生长。

亲历的——让幼儿关注身边事，在亲历和体验中成长。"生活即课程"，生活中的一切都是课程的可能来源和教育因素。教师不仅要提供资源，如良好的教育环境、材料和活动，让幼儿有足够的自由去选择、经历和探索，还需要对幼儿进行引导和支持。增加幼儿经验的结果不只包括知识，还包括体验中的精神成长。"亲历"是幼儿在对教师、同伴、材料、环境、活动等周围世界的主动作用下，进行的有意义的建构。

纯真的——让孩子像个孩子，让孩子的天性得以施展。我们把幼儿看作独特的学习主体、发展主体，教师等成人以满足幼儿发展需要为前提构建课程内容。把生活世界、科学世界、人文世界整合在一起，把认知和实践结合起来，把家长和社区引入关注幼儿的教育，让所有关注幼儿发展的人员为幼儿的发展提供可能、创造条件，并提供指导。重视户外活动、文学艺术活动和"儿童之家"活动室在幼儿个性发展中的价值，让幼儿在充分自由、从容和谐的环境中，展现自己的天赋、兴趣和爱好，让个性得以舒展。

诗意的——这是我们的一种教育情怀，一种教育状态。童年弥漫着天真烂漫的气息，我们放慢脚步，在静静的守望中读懂幼儿的心灵，用智慧的教育陪伴幼儿的成长。我们珍视童年对人一生的重要价值，给幼儿充分游戏和体验的机会，让幼儿享有童年的美好。教师具有榜样的力量。我们用专注、投入和热爱敬畏生命，尊重自然，创造充满理想的教育国度，把美德和善行传递给幼儿。

课程实施

1. 实施途径

幼儿园生命成长启蒙教育课程围绕课程核心理念，以核心课程和个人课程两种主要形式实施课程。

核心课程：基于生活化的主题线索系列活动，围绕人与人、人与自然、人与社会三个块面，涉及个人与社会发展、语言与文学、数学、科学、社会文化、艺术、体能发展与健康共七个领域，适合集体或小组共同学习和发展的各种活动。

个人课程：在班级各类区域活动、幼儿园"儿童之家"工作坊和户外园地中，围绕人与人、人与自然、人与社会三个块面，涉及个人与社会发展、语言与文学、数学、科学、社会文化、艺术、体能发展与健康共七个领域，适合个人或和同伴自由学习与发展的各种游戏操作活动。

2. 实施场所

班级活动室：是幼儿学习、生活、游戏的空间，也是促进、锻炼、丰富幼儿各方面能力发展的乐园，更是幼儿展现成长过程、分享成长喜悦的园地。

"儿童之家"工作坊：体现科学与艺术、文学与语言、个人与社会交往领域的专题工作坊（生活体验馆、科学探索坊、读书俱乐部、美术工作坊、豆豆蚁乐园……），为幼儿在这些领域的特别发展提供环境、材料资源，发展个人爱好和兴趣，鼓励和支持幼儿的研究、探索、表现和表达，并提供专业引导。

户外园地：充分利用幼儿园的花园、草地、菜园、果园、养殖园，让幼儿园的户外场地成为幼儿的天堂，成为幼儿游戏、探究、实践的乐园，让幼儿有机会在阳光下运动，喜欢和大地亲密接触，聆听风的声音，感受草的味道、花的芬芳、虫的苏醒，在亲近大自然中体会生命的跃动与惊喜。

3. 实施要点

◇ 活动，让健康特色看得见。

园部为培养幼儿"亲近自然、热爱运动、良好品性、乐于探索"的品质，提供户外环境和部分材料；班级要利用户外活动时间和户外环境，设计教育活动内容，在活动中促进幼儿发展。

园部会安排每学期一次安全疏散演习，每学年一次幼儿运动会；年级组会安排每学期一次健康或安全教育大活动；各班会安排每周一次健康活动（含安全教育），每月一次安全教育。

班级应在家长园地等显著区域布置健康保育互动墙面，在区域活动安排中设立形式多样的健康区，例如：精细动作发展区、生活能力探索区、人际合作建构区等。

每周安排一次体育教学活动，以亲身体验、讲解指导、体育游戏等形式帮助幼儿掌握基本动作。

◇ 记录，让幼儿成长看得见。

各个班应重视记录幼儿真实表现的过程性评价，在日常生活中完成过程性资料的记录和收集。教师通过观察实录、拍照或录像、表格记录、班级周记等方式呈现过程；幼儿通过活动回顾、绘画日记、表格记录等方式呈现过程；家长通过班级漂流本、育儿日记、表格记录等方式呈现过程。

班级主题墙、作品墙每两周更换一次，幼儿作品当天展出。每次主题墙完成后应进行拍摄存档。注重家长园地内容的更新，保持与家长之间的密切联系。

班级环境应体现"生长"、体现"过程"，呈现两个主题的内容。班级环境中的材料应充分利用，材料的提供要能调动幼儿的参与性，同时，引导幼儿合理利用材料，养成节俭的习惯。

为每个幼儿建立《幼儿成长纪实》，反映出各个主题活动中幼儿的情况，要记录教师对幼儿的观察，还要有幼儿学期发展评估。其中，一个主题应有1~2张幼儿照片、1~2个幼儿作品，并在照片和作品旁附教师的评述、文字记录（时间、内容、评价）。

班级门口应始终展现欢迎家长和幼儿的标牌，并每两周进行一次调整，体现新意和配合教育活动内容。

◇ 通过材料提供和环境创设提升幼儿课程质量。

教师在教学中应充分运用自然材料和自然环境，做到物尽其用，目的明确。通过安排户外游戏日、玩沙日等让幼儿在自然环境中自由充分地成长。通过在区域活动中提供如石子、树枝等自然物和空塑料瓶、螺丝钉等幼儿喜爱的生活材料，让幼儿在主动创造中建构经验，反思行为，促进各方面能力的发展。

教师在安排一日活动时应遵循幼儿作息规律，做到动静交替、张弛有度。教师应善于筛选信息，选择适宜的形式开展活动，在集体活动中进行有效的团队交流分享，在区域活动进行细致的个别化学习操作；合理安排不同形式、内容的活动，灵活变换指导策略，如集体活动与区域活动交替、室内活动和户外活动交替、集中指导和个别指导交替、直接指导和间接指导交替等，让幼儿身心愉悦、自由充分地健康成长。

教师在班级组织管理中应注重幼儿社会礼仪、良好品性的培养。教师自己要做到言语轻柔、举止稳重；要善于利用文学艺术活动陶冶幼儿的情操、塑造优良的品行；要善于在一日生活中发现教育契机，适时地"停下来"进行随机教育，如谈话、讨论等。各班由幼儿自己讨论制定的《班规》应张贴在醒目位置，有专人制作《班级日记》，鼓励每个幼儿主动承担起班级管理的责任。

◇ 运用多种形式调动家长资源参与课程建构。

教育者要有意识地为幼儿成长创设积极友好的教育环境，要善于运用多种形式调动家长参与课程的热情并为之积极行动起来，形成家园共育的良性互动，共同促进园本课程内容的丰富、结构的合理和质量的提升。

园部每学期分年级组进行一次家长学校活动、一次家长会，每学年各班推荐1~2名家长志愿者协助教师组织指导"儿童之家"工作坊的活动。如：巧手爸爸（妈妈）、故事爸爸（妈妈）。

各班在进行主题教学过程中，每个主题可轮流邀请家长志愿者参加。原则上每位家长每学期为班级幼儿服务一次，避免增加家长负担。

班级每学期进行一次亲子活动（园内外均可，工作日进行亲子活动应先向园部申请），一次半日教学活动（可展演舞台剧）。

各班一年展演一次舞台剧。

三、我们的教育理念

我们的教育理念是：尊重儿童、崇尚天性、自由充分、完整儿童。

尊重儿童：我们把儿童看作一个全方位不断发展的"完整"生命个体，他们有自我成长的需要和能力。我们努力了解儿童心理，遵循儿童身心发展特点，理解儿童行为，信任儿童能力，欣赏儿童表现，鼓励儿童发展，并以此体现我们的教育尊重儿童的人格、思想、情感、自由。

崇尚天性：人的生命成长不仅需要身体的健康，更需要精神的滋养，生命成长启蒙教育培育崇尚天性的儿童——成长的天性、游戏的天性、好奇的天性、审美的天性，在户外探索、文学艺术等活动中鼓励幼儿大胆地去想、去做、去玩，在游戏活动中启真、启智、启善、启美，培养儿童活泼开朗的性格。

自由充分：生命成长启蒙教育强调给幼儿自由而充分的发展，让幼儿充满无限活力，使学习、游戏、生活成为幼儿自己的事情，促进幼儿对生活的自我感受、自我体验、自我反思和建构，完成生命在生活中的经历和体验。把幼儿的生命发展作为课程的原点和核心，把幼儿的生活和经历作为课程的内容和资源。在人与自然、人与社会、人与人的真实情境中建构经验、发展能力，实现人与环境和谐共处。我们的孩子将具备较强的生活自理能力和自我意识、自我管理、自我学习的能力。

完整儿童：教育生活本身就应该是完整、和谐、幸福的。生命成长启蒙教育在满足幼儿自由而充分发展的同时，重视塑造幼儿美好的人性，培养幼儿健全的人格。遵循基本社会规范，是生命成长启蒙教育理念中重要的组成部分，是人和人交往，人和社会、人和自然的谐共存的基础和保障。在生命成长启蒙教育中成长的儿童将会具备良好的学习品质和社会行为规范。

我们的课程不是一成不变的，而是在幼儿、教师和家长共同合作的互动中实现课程的动态建构。让户外自然环境成为幼儿学习成长的乐园，让幼儿自主支配时间和空间，以游戏的状态去学习、工作和生活，去体验、去探险，在亲历中成长，让孩子像个孩子，让生活充满诗意和感动，让教育更贴合"生命成长"的规律。

陈学群　彭　云

南京市第二幼儿园

2017 年 10 月

前　言
畅想幼儿园生命成长启蒙教育课程

2010年我园开始启动园本课程建设，我们提出幼儿园生命成长启蒙教育课程。我们把人的生命发展作为课程的原点和核心，把幼儿的生活作为课程的内容和资源，让幼儿学习的过程成为生命的展现历程，让园本课程的建设过程成为幼儿园发展历程中的一段美好记录。我们走上了发现儿童、探寻儿童"健康成长"、帮助儿童走向"生命成长"之路。

今天，我们对幼儿园生命成长启蒙教育课程有了更深的理解。畅想幼儿园生命成长启蒙教育课程，我们的课程贴上了"自然的""生长的""亲历的""纯真的""诗意的"神圣标签。

让花园、菜地、果园、养殖场成为幼儿游戏、探究的乐园，在大自然中体会生命的跃动与惊喜；实施开放、动态的课程，运用自然界和生活中的材料，营造班级活动环境；运用人人平等的交流方式，引导幼儿参与体验，这是课程"自然的"标签。

记录幼儿在真实情境中如何与环境材料、与同伴互动；了解幼儿建构知识、体验活动的历程；明确教师、家长、幼儿各自需要继续做哪些有意义的事情可以帮助幼儿获得有益的经验和生命的成长，这是课程"生长的"标签。

让幼儿关注身边事，在亲历和体验中成长。"生活即课程"，适宜的、丰富的教育环境、材料和活动，能够给予幼儿足够的自由时空，他们会主动去探索和实践，进行有意义的建构，这是课程"亲历的"标签。

让孩子像个孩子，让他们的天性得以施展。把生活世界、科学世界、人文世界整合在一起，把家长和社区引入幼儿的教育中来；让户外活动、文学艺术活动和"儿童之家"活动展现幼儿的天赋、兴趣和爱好，让他们的个性得以不断发展与完善。这是课程"纯真的"标签。

童年天真的气息和丰富想象力、创造力展现在幼儿戏剧、艺术、户外游戏等各种活动中；教师放慢脚步，在静静的守望中读懂幼儿的声音，开启智慧教育，用敬畏生命、尊重自然的虔诚之心，创造理想教育国度，把美德和善行传递给所有幼儿。这是课程"诗意的"标签。

我们希望：透过课程让幼儿享有完美童年，让自然典雅和生命灵动融合，让"生命孕育于自然之源，成长得之于和谐之境"的教育理念得以体现。我们希望：在二幼这所古朴典雅的园子里，老师、孩子与家长们一同创造幸福完整的教育生活，我们和二幼的孩子们相伴亲历生命的传奇，一起享用自然的馈赠，一起感受成长的欣喜。

写于二幼上海路部

陈学群

2017年10月

教师用书使用说明

幼儿是怎样的？他们需要什么？他们可以有怎样的发展？幼儿园、教师应该为幼儿做些什么？怎样做？如何更有效地促进幼儿的发展？这些是教育者关注的问题，也是南京市第二幼儿园（以下简称二幼）教师多年来默默耕耘、大胆探索、不断反思的理念支撑和前行动力。

在教师用书编写过程中，我园教师汲取了当前学前教育领域先进的理念和二幼多年传承的教育特色，反复斟酌、修改文本内容。经过一轮轮的修订，最终既保持了主题的完整性、系统性，又加强了主题活动中各领域之间的联系和融合，使课程指向实施、理念指导行为，旨在进一步提升活动的实施成效，指导教师以此书为支架，培养"亲近自然、热爱运动、良好品性、乐于探索"的健康向上的幸福儿童，引领教师、幼儿、家长共同努力去实现"幼儿全面而和谐、自由而充分、独特而富有个性的发展"的课程宗旨。

一、教师用书的结构

教师用书分小班、中班、大班，每年级上、下学期各一本，共六本。每本均以主题活动为线索，进行活动的设计，为教师的教育教学活动提供参考。

具体内容包括以下几个方面。

（一）各年龄段幼儿发展目标

这部分内容详细介绍了各年龄段幼儿身心发展的特点，以及通过我们的各项活动幼儿可以达到的发展目标。教师应随时对照目标，观察、了解本班幼儿的发展现状，及时分析、调整教学策略，协同家长共同促进幼儿发展。教师在主题活动实施过程中，应经常对照主题活动目标、幼儿发展目标，并根据班级幼儿的发展水平，有意识地调整教育教学方式，从而确保教育教学的有效性。

（二）主题教育活动

教师用书共16个主题活动，每本有5~6个适合本年龄段的主题活动，供教师们学习和参考。每个主题活动包括以下八个方面。

1. 主题意图

主题意图主要从三个方面进行阐述：为什么选这个主题内容，这个主题内容与这个年龄段的幼儿有什么样的关系，这个主题内容可以帮助幼儿达到什么发展水平。教师在进入主题之前，应该仔细研读主题意图，了解、分析本班幼儿现状，以便把握好整个主题活动的脉络，明确教育教学的方向。

2. 主题目标

主题目标是按照围绕人与人、人与自然、人与社会三个块面，涉及个人与社会发展、语言与文学、数学、科学、社会文化、艺术、体能发展与健康共七个领域进行编写，主题目标集中归纳了该主题对幼儿发展的价值，与各年龄段幼儿发展目标相比更具体，与一节具体的教学活动相比又更为概括。

幼儿发展目标、主题目标、教学活动目标三者之间形成自上而下的三级层次，保证课程目标的顺利落实。因此，教师心中必须有明确的目标意识，根据本年龄段幼儿的发展特点和需要，借助目标导向的作用，在一日活动的各个环节中，通过不同的教育途径灵活实施，促进幼儿全面和谐的发展。

3. 主题网络图

主题网络图是将主题意图和主题目标一步步分解，借助网状的结构，呈现给教师关于整个主题活动的线索和脉络结构。网络图展现的是一些预成性活动的脉络，教师可以结合本班幼儿的实际情况，沿二级网络生成幼儿感兴趣的话题，形成有班本特色的生成性活动。

4. 环境创设

环境创设包括室内外的活动场地布局、主题墙饰的布置、活动区域的分隔、布置等。班级环境的创设是体现教师的教育理念，表现班级文化和特色以及促进家园沟通的重要途径。教师在打造班级环境时，可参照此部分内容，更要充分发挥自己的艺术想象力、创造力和表现力，传递园本文化、班本特色，发挥教师的隐形指导功能。教师要鼓励每位幼儿参与到班级的环境创设中，充分体现"儿童是环境的主人"的教育理念。班级环境中要能呈现主题活动开展的进程，让"幼儿的成长看得见"，教师要努力让班级的每一个角落都"会说话"，通过环境，看到每个幼儿的成长和进步，促进课程质量的整体提升。

5. 三方互动

三方互动指教师、幼儿和家长在园本课程建构和幼儿发展过程中的三方协调积极互动，共同推进教育进程，实现共育。教师可参照此部分内容明确自己在教育教学方面可以做的事情，幼儿在教师和家长的引导和支持下可以做的事情，家长为促进幼儿发展可以做的事情，通过三方协同教育，动态建构园本课程，有效促进幼儿发展。

6. 特色活动

健康特色活动是二幼独有的传承了园本健康教育特色的教育活动，主要包括两个方面：健康大活动和安全教育活动。年级组每学期组织一次健康或安全教育大活动；各班每周组织一次健康活动（含安全教育），每月组织一次安全教育。具体的活动组织形式视活动内容而定，可采用展示表演、竞赛、情境练习等，教师应把活动内容与集体活动、小组活动、区域活动、日常生活及游戏活动融合，提高健康特色活动的实效性，让幼儿有更多的练习机会，以巩固健康意识和良好的行为习惯。

7. 区域活动

区域活动是二幼生命成长启蒙课程个人课程中一种形式，它为幼儿的个性化学习提供了机会和可能。我园开展的区域活动，分成室内区域活动和户外区域活动。室内区域划分为：健康区、语言区、益智区、艺术区。户外区域划分为：沙水区、运动区、探索区、角色扮演区。依据每个区域的特点，围绕主题活动内容，本书提供了一些区域活动的建议，教师可根据班级、幼儿的实际情况有所取舍，适当增加新的活动内容，调整活动材料，不要照搬。各班区域活动在内容安排上应考虑常规性区域和主题性区域相互兼顾，常规性区域（如精细动作发展区）应长期保留，并持续跟进、及时调整区域活动材料；主题性区域应配合主题进程定期增加相应的区域活动内容和材料。

8. 集体教学活动

集体教学活动是逐周安排的，每个集体教学活动都包括活动目标、活动准备、活动过程、活动延伸或活动建议几个部分。活动设计清晰、明了、可操作性强。每个教学活动的后面附有所需的参考资料，如儿歌、故事、知识参考等，为教师开展教学提供参考。

（三）附录

附录中包括：

1. 小班幼儿一日生活作息表（试行）（分春夏季和秋冬季）
2. 日常教育、备课及环境规范要求（试行）
3. 教师常用表格和记录表（观察记录表、相片作品记录表、《儿童日记》、图书漂流记录、班组会议记录表）
4. 小班幼儿发展评估表
5. 南京市第二幼儿园幼儿健康行为规范

二、教师用书使用中需要注意的几个方面

1. 教师用书供教师备课参考，在使用过程中结合本班幼儿发展状况进行二次备课调整

本书中所提供的资料包括区域活动、集体活动等，仅作为备课蓝本。教师在活动实施前，需结合本班幼儿的兴趣点、需要和实际发展情况，灵活调整，创造性地设计、组织实施活动，体现班本特色。教师要关注幼儿在活动实施过程中的成长，借助本书附录部分提供的教师各种观察用表，及时、客观地记录幼儿的发展状况，分析并调整教育策略。活动结束后，教师要及时反思并记录在备课本上，以便今后不断改进课程。

2. 使用本书的教师应以接纳的心态，将各类教育活动的教育意图，体现在幼儿活动中，

体现在班级环境创设中

　　教师在使用中要有学习的心态，认真领会其中的教育意图和教学重难点，让教师用书中的教育内容能在幼儿活动中体现。同时，班级开展的各个活动要能在环境创设中充分体现，不仅是集体活动（或小组活动）、区域活动，包括健康大活动和安全教育活动的内容，也要在环境中有所展示和呈现，留下幼儿成长的足迹。本书在区域活动的材料提供上是按层次撰写的，因此，教师在设计自己班级的区域活动时，也要考虑提供材料的层次性、趣味性、可操作性，根据本班幼儿实际水平适当调整，发挥材料和环境在幼儿发展中的隐形指导作用，促进幼儿自主、全面、持续地发展，提升课程质量。

　　教师在具体操作过程中可参照附录中教师日常教育教学及环境规范要求，按标准规范执行。

　　3. 教师在一日活动组织中应遵循幼儿作息节律，选择适宜的活动形式和途径开展活动

　　在一周的集体教学活动中，可以尝试开展小组教学活动，发挥集体与小组活动不同的教育价值，达到最佳的教学效果。

　　在幼儿的一日活动中，教师应善于把握动静交替、"呼吸"节律，做到集体活动与区域活动交替、室内活动和户外活动交替、集中指导和个别指导交替、直接指导和间接指导交替等，让幼儿身心愉悦，自由充分地健康成长。

　　在活动场所的选择上，教师要善于整合资源，灵活运用室内、户外和"儿童之家"活动室开展幼儿个性化活动，在时间的把握上，教师要摸索适于本班特点的组织形式统整时间，有效开展各项活动。

　　教师在具体操作过程中可参照附录中小、中、大班幼儿一日生活作息表（试行）（分春夏季和秋冬季），按幼儿一日作息规范执行、灵活调整。

　　我们希望教师能认真研读此使用说明，逐步理解课程理念，并不断转化到教育行为中，和幼儿、家长一起感受成长的乐趣，享受生活的美好，在领会课程理念和自我实践探索的过程中，实现教师和幼儿、家长共同的生命成长。

南京市第二幼儿园

小班幼儿发展目标

领域	上学期	下学期
健康	**粗动作：** 　　愿意参加运动，能姿势正确、自然协调地走、跑、跳等，学习单手连续拍球 **细动作：** 　　在生活和游戏中，愿意探索使用常见的工具，如勺子、剪刀、水彩笔等，尝试简单的操作 **个人健康与安全：** 　　（1）能在成人的提示和帮助下，尝试进餐、洗手、午睡、如厕、穿脱衣服等日常自我护理 　　（2）学习遵守简单的安全规则，有危险知道躲开，有初步的自我保护意识。自己吃饭，口渴时主动饮水 　　（3）会在遇到困难和不开心的时候主动请求老师的帮助，不长时间地哭闹 　　（4）愿意学习自己洗手，知道洗手的基本步骤	**粗动作：** 　　乐于参加运动，能姿势正确、自然协调地走、跑、跳等，学习大胆地双手向上抛球 **细动作：** 　　熟悉各种常见工具的用法，如勺子、剪刀、水彩笔等 **个人健康与安全：** 　　（1）能在成人的提示和帮助下，学习独立进餐、洗手、漱口、午睡、如厕、穿脱衣服等日常自我护理 　　（2）在提醒下能注意安全，不做危险的事 　　（3）情绪稳定，很少因一点小事哭闹不止 　　（4）学会洗手的正确方法

续表

领域	上学期	下学期
语言	**听：** 　　愿意安静地倾听同伴和成人的讲话，听懂普通话，并做出相应的反应 **说：** 　　愿意和同伴一起学说普通话，必要时说出自己的需要，并配以手势动作表达自己的想法 **读：** 　　（1）愿意和成人一起阅读图书，学习翻阅图书的方法，爱护图书，不乱撕乱扔 　　（2）喜欢听短小的儿歌或故事，学习看单幅画面的图书 **写：** 　　乐意用涂鸦的方式表达自己的想法	**听：** 　　能听懂普通话，学会安静地倾听同伴和老师的讲话，并做出相应的反应 **说：** 　　学说普通话，大胆清楚地说出自己的想法和需要 **读：** 　　（1）喜欢阅读图书，学会正确翻阅图书的方法，爱护图书，不乱撕乱扔 　　（2）喜欢跟读短小的儿歌或故事，学看单幅画面，理解画面的内容 **写：** 　　喜欢用涂涂画画的方式表达自己的想法
社会	**自我意识：** 　　（1）初步了解自己的性别，知道自己爸爸妈妈的名字 　　（2）学习分清自己和他人的物品，不随意拿他人的东西 　　（3）愿意和同伴、成人一起玩游戏，能选择自己喜欢的游戏 **社会文化：** 　　（1）愿意和同伴、老师一起参加幼儿园的升旗仪式 　　（2）喜欢和哥哥姐姐一起玩，喜欢参加各种集体活动 **他人关系：** 　　（1）在与同伴有矛盾时，不哭闹，愿意听从成人劝解 　　（2）学说一些基本的礼貌用语，如：你好、谢谢、对不起、再见等	**自我意识：** 　　（1）愿意和小朋友一起游戏，能根据自己的兴趣选择活动，并遵守简单的规则 　　（2）能分清自己和他人的物品，不随意拿他人的东西，知道自己的性别以及家庭中的主要成员 **社会文化：** 　　（1）认识国旗，知道国歌 　　（2）愿意参加幼儿园的集体活动，和哥哥姐姐互相帮助，成为朋友 **他人关系：** 　　（1）想加入同伴的游戏时，能友好地提出请求；与同伴有矛盾时，能听从成人劝解 　　（2）初步掌握日常生活中常用的礼貌用语，如：你好、谢谢、对不起、再见等，学会有礼貌地交往

续表

领域	上学期	下学期
科学	**数与运算：** （1）感知、发现生活中的不同形状，对形状感兴趣 （2）体验生活中的数，学习手口一致地点数，说出总数 （3）感知物体大小、多少、长短、高矮等量方面的特征 **科学探究：** （1）亲近大自然，对生活的环境感兴趣 （2）学习用多种感官（看、听、摸、闻）观察和探索周围世界 （3）学习用简单的词汇表达自己的探究和发现	**数与运算：** （1）发现生活中多样的形状，对物体的形状感兴趣 （2）体验生活中很多地方都用到数，能手口一致地点数5以内的实物，并说出总数 （3）能感知物体大小、多少、长短、高矮等量方面的特征 **科学探究：** （1）喜欢接触大自然，对生活的环境感兴趣 （2）学习用多种感官（看、听、摸、闻）观察和探索周围世界 （3）学习用一些较准确的词汇表达自己的发现
艺术	**音乐感受与表述：** （1）愿意与同伴和成人一起听音乐、看表演，喜欢听大自然中好听的声音 （2）在模仿的基础上，学唱短小的歌曲，愿意跟随音乐做简单的身体动作，和同伴一起进行戏剧表演 **美术感受与表述：** （1）乐于欣赏绘画、泥塑等各种形式的艺术作品 （2）喜欢涂涂画画、粘粘贴贴，用简单的线条和色彩进行表现和表达	**音乐感受与表述：** （1）喜欢听音乐，观看舞蹈、戏剧等表演，能被大自然中好听的声音吸引 （2）学唱短小的歌曲，能随熟悉的音乐做身体动作，愿意参加集体戏剧表演 **美术感受与表述：** （1）感知和运用色彩画出简单的图画 （2）乐于欣赏绘画、泥塑等各种形式的艺术作品 （3）初步尝试运用撕、剪、贴、折等方式进行艺术创作

目 录

- 001 序一
- 001 序二 沿着生命成长之路前行
- 001 前言 畅想幼儿园生命成长启蒙教育课程
- 001 教师用书使用说明
- 001 小班幼儿发展目标

001 主题活动一 让爱住我家

- 002 主题意图
- 002 主题目标
- 003 主题网络图
- 004 环境创设
- 004 三方互动
- 005 特色活动
- 006 区域活动
- 009 集体教学活动

010 第一周
- 010 活动一 开学第一天（社会）
- 011 活动二 我有一个幸福的家（语言）
- 012 活动三 我家有几口（数学）
- 014 活动四 让爱住我家（音乐）
- 017 活动五 我家的房间（科学）

018 第二周
- 018 活动一 小熊醒来吧！（语言）
- 019 活动二 好妈妈（音乐）
- 021 活动三 我爸爸（美术）
- 022 活动四 去做客（社会）
- 024 活动五 大小排序（数学）

025	第三周
025	活动一　造房子（美术）
026	活动二　爷爷、奶奶、小宝贝（社会）
027	活动三　爱的甜甜话（语言）
029	活动四　小猪盖房子（体育）
030	活动五　妈妈来到幼儿园（综合）

033　主题活动二　玩颜色

034	主题意图
034	主题目标
035	主题网络图
036	环境创设
036	三方互动
036	特色活动
037	区域活动
040	集体教学活动

041	第一周
041	活动一　有趣的格子王国（美术）
042	活动二　彩虹在哪里？（科学）
043	活动三　皮皮在哪儿（语言）
045	活动四　找颜色（综合）
046	活动五　好玩的彩带（体育）

048	第二周
048	活动一　会变的颜色（科学）
049	活动二　这是谁的家（语言游戏）
050	活动三　颜色宝宝滑滑梯（美术）
052	活动四　超市物品放整齐（数学）
053	活动五　小乌龟（音乐）

055	**第三周**
055	活动一　红色在说话（社会）
056	活动二　5以内点物匹配（数学）
058	活动三　口渴了喝什么（健康）
059	活动四　小胖鸭子捉迷藏（音乐游戏）
061	活动五　彩虹伞（体育）

063　主题活动三　我的手指兄弟

- 064　主题意图
- 064　主题目标
- 065　主题网络图
- 065　环境创设
- 066　三方互动
- 066　特色活动
- 067　区域活动
- 070　集体教学活动

071	**第一周**
071	活动一　手指兄弟（健康）
072	活动二　手指歌（语言）
074	活动三　手指歌（音乐）
075	活动四　会说话的手势（社会）
077	活动五　小手摸一摸（科学）

078	**第二周**
078	活动一　我有小手（音乐）
079	活动二　小手真能干（健康）
080	活动三　5以内按数取物（数学）
082	活动四　可爱的毛毛虫（美术）
083	活动五　绕口令《数数歌》（语言）

085	**第三周**
085	活动一 熊猫滚球（体育）
086	活动二 拉拉手（音乐）
087	活动三 小鸡（美术）
088	活动四 小超市（数学）
090	活动五 手足口（健康）

095　主题活动四　和水宝宝玩游戏

- 096　**主题意图**
- 096　**主题目标**
- 097　**主题网络图**
- 098　**环境创设**
- 098　**三方互动**
- 099　**特色活动**
- 100　**区域活动**
- 104　**集体教学活动**

105	**第一周**
105	活动一 水娃娃回家（语言）
106	活动二 大海里的鱼儿（美术）
107	活动三 小红纸船沉了（科学）
108	活动四 船的里面和外面（数学）
110	活动五 大雨和小雨（音乐）

112	**第二周**
112	活动一 和水宝宝玩游戏（科学）
114	活动二 运水（体育）
115	活动三 我爱喝水（健康）
116	活动四 会哭的水龙头（社会）
117	活动五 它们都变了（科学）

119	第三周
119	活动一　制作冰块（科学）
120	活动二　冷饮不多吃（健康）
122	活动三　玩水真快乐（社会）
124	活动四　水宝宝变魔术（美术）
126	活动五　水会变（语言）

129　主题活动五　小河马的牙

130	主题意图
130	主题目标
131	主题网络图
132	环境创设
132	三方互动
132	特色活动
133	区域活动
135	集体教学活动

137	第一周
137	活动一　小河马的牙（一）（语言）
138	活动二　小河马的牙（二）（语言）
139	活动三　我来选角色（社会）
141	活动四　可爱的小兔（科学）
142	活动五　牙牙舞（艺术）

144	第二周
144	活动一　咕噜咕噜来漱口（健康）
145	活动二　糖果邀请舞（艺术）
147	活动三　给小动物喂食（计算）
148	活动四　水晶糖酸梅舞（艺术）
150	活动五　我是小河马（社会）

151	**第三周**
151	活动一　蛀虫来了（艺术）
153	活动二　小青蛙跳荷叶（体育）
154	活动三　刷牙歌（艺术）
155	活动四　一起来排练（综合）
156	活动五　演出开始了！（综合）

161　主题活动六　连衣裙和小背心

- 162　主题意图
- 162　主题目标
- 163　主题网络图
- 164　环境创设
- 164　三方互动
- 165　特色活动
- 165　区域活动
- 169　集体教学活动

170	**第一周**
170	活动一　我的连衣裙（语言）
171	活动二　美丽的花边（数学）
173	活动三　两只小鸟（音乐）
175	活动四　穿衣服啦（健康）
176	活动五　夏日波点装（艺术）

177	**第二周**
177	活动一　各种各样的布（科学）
178	活动二　小裁缝的梦想（音乐）
180	活动三　小小送货员（体育）
181	活动四　大家一起玩玩具（社会）
182	活动五　衣服拼图（数学）

184	**第三周**	
184	活动一	夏天的雷雨（音乐）
185	活动二	萤火虫和星星（语言）
187	活动三	夏天火辣辣（健康）
189	活动四	枝枝丫丫的树（美术）
190	活动五	玩水（科学）

192　附录

192	小班幼儿一日生活作息表（试行）
193	日常教育、备课及环境规范要求（试行）
194	教师观察用表（范例）
195	幼儿相片作品记录表（范例一）
196	幼儿相片作品记录表（范例二）
197	《儿童日记》（范例）
200	小班儿童《绘本漂流》（范例）
201	班组会议记录表（范例）
202	小班幼儿发展评估表
204	南京市第二幼儿园幼儿健康行为规范
205	后记

主题活动一
让爱住我家

主题活动一
让爱住我家

主题意图

"家"是孩子们温暖的摇篮、幸福的港湾,生活中的点点滴滴都给了孩子们最初的情感和生活体验,爸爸妈妈是孩子们最亲密的人。妈妈细心地照顾孩子,爸爸陪孩子一起做游戏,家里每一个成员的爱都让孩子感到无比幸福。20天的寒假让孩子们和家人在一起度过了一段美好的时光,其中的春节,更是团圆喜庆的节日。开学不久也将迎来"三八"妇女节,这是妈妈们的节日,孩子们可以借此机会表达对妈妈的爱。

"家"中蕴含着非常大的教育价值,开展以"家"为主题的活动可以让孩子们了解自己的家,玩各种亲子游戏、分享家庭生活可以让孩子们感受到爸爸妈妈的爱,借助妈妈的节日可以让孩子们学会感恩和表达。

因此,在新学期刚开始,趁孩子们还沉浸在农历新年的热闹中,我们选择这个时刻开展"让爱住我家"主题活动,以"爱"和"家"为核心,从幼儿最熟悉的"家"开始,通过对"家"的氛围的营造以及一系列的有趣活动,重现孩子们的家庭生活,进而使他们从喜欢自己的"家"到喜欢幼儿园的"家"。这样既能延续孩子们对家的依恋,调动他们对家的情感,也能让孩子们感受到"家"的氛围,还能弥补小班幼儿在假期结束后对家的不舍与依赖。最重要的是通过主题活动的开展,让幼儿感受到爸爸妈妈及周围成人的爱,进而使他们能用喜欢的方式表达心中对父母和长辈的爱。

主题目标

健康:

1. 对幼儿园生活环境适应较快,喜欢自己班级的新环境和新组员。
2. 愿意自己的事情自己做,主动承担一些家庭小任务。
3. 安全进出门,不随便开关门;双脚协调地走、跑、跳,双腿交替着自己上下楼梯,不摔跤。

4. 能说出自己和家长的名字、电话号码等简单信息。

语言：

1. 大胆表达自己的需要和想法，会运用简短的句子表达爱。
2. 喜欢听故事、跟念儿歌、看图书，在亲子阅读中感受浓浓的亲情。

社会：

1. 知道家庭的主要成员，爱爸爸妈妈，爱亲人。
2. 能使用班级陈列的家庭照片，将自己的家人介绍给其他同伴。
3. 愿意礼貌地和老师、家人、同伴打招呼，主动对帮助自己的人说谢谢。
4. 学习去别人家做客的重要礼仪。

科学：

1. 知道家中房间的名称，感知方位，尝试运用上下、前后、里外等方位词。
2. 发现生活中很多地方都用到数字，描述自己家人和房间的数量，感知 5 以内的数。
3. 能给 4 以内数量的物体按某个特征差异进行排序。
4. 在探究活动中，乐于表达自己的发现。

艺术：

1. 用愉快的情绪演唱爱妈妈的歌曲，喜欢欣赏有浓浓亲情的歌曲。
2. 能用声音、动作等模仿生活情景，体验模仿带来的快乐。如：娃娃家中扮演妈妈。
3. 用简单的线条和色彩画出自己想画的，乐意用多种方式进行造型和装饰。

主题网络图

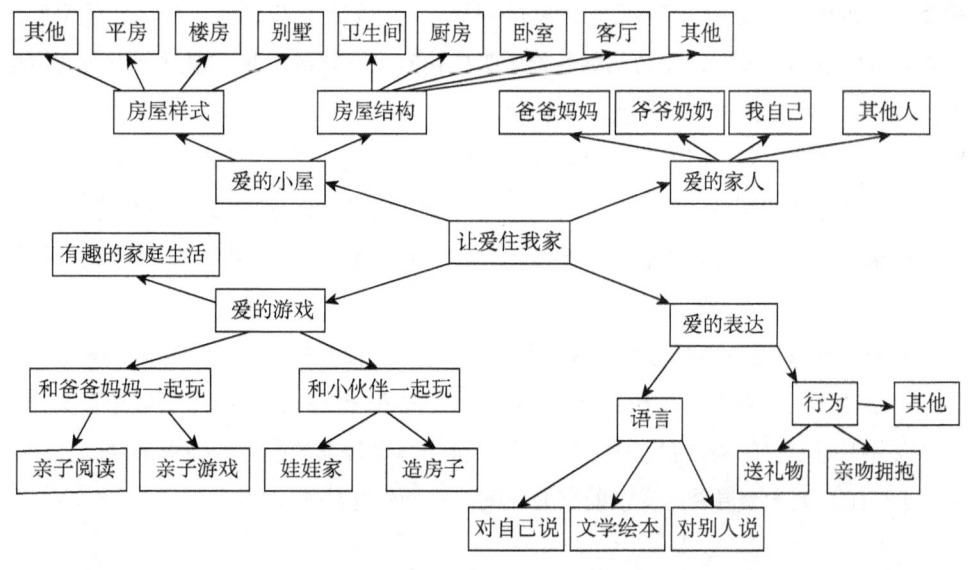

环境创设

1. 制作一个欢迎板,以教师的合影和欢迎的语言迎接孩子们。

2. 创设温馨接纳的环境氛围和心理氛围,让幼儿感受家的温暖。收集能表现客厅、睡房、卫生间、厨房等的标志性物品,可将活动室的不同区域共同布置成一个"温馨的家"。同时为幼儿丰富"娃娃家"的情节,增添关于爸爸妈妈的装扮。

3. 每位幼儿从家中带一张全家福照片,布置"我爱我家"的主题氛围,不仅体现出从家庭到幼儿园的过渡,更可以拓展区域活动,让幼儿向其他伙伴介绍自己的家人。

4. 布置"妈妈和我"的美工、数学区域主题墙,供幼儿展示给妈妈做的礼物(裙子、小包、项链等),将科学区布置成"小厨房"的环境。

5. 收集不同结构类型的房屋图片(平房、楼房、高楼等),与幼儿经验调查表一同布置在主题墙上,将活动过程照片随机展示在延伸墙面。

6. 与幼儿共同讨论开门关门的公约,用图夹文的形式表现出来,张贴在班级门的旁边,提醒幼儿在开门关门时注意安全。

7. 制作一本班级的《我和爸爸妈妈在一起》相册,每个孩子带1~2张爸爸妈妈和孩子的活动或游戏的照片。教师将内容分类编排,供幼儿欣赏,让幼儿感受爸爸妈妈对自己的爱。

三方互动

教师——为幼儿创设一个温馨舒适的家的环境,让他们产生信任感;把幼儿的全家福照片布置在幼儿方便看到的地方,让幼儿感受到班级中也有家一样的温暖;通过创设游戏情境以及开展丰富有趣的活动,让幼儿感受爱、体验爱。

幼儿——尽快适应幼儿园生活,礼貌地和老师、小朋友问早;选择一张全家福照片带到幼儿园,说出自己爸爸妈妈的名字和电话号码;愿意把在幼儿园学到的童谣表演给爸爸妈妈看;能参与分享家里的故事;为妈妈制作一个爱的礼物;在扮演游戏中尝试将家庭中爸爸妈妈的行为表现出来。

家长——鼓励孩子的礼貌行为;和孩子一起选择全家福照片,认真回答孩子关于爸爸妈妈的名字、职业等他们感兴趣的问题;带孩子参观家里的每个房间;让孩子了解爸爸妈妈、爷爷奶奶、外公外婆对自己的关心和爱护,鼓励引导孩子尊老敬老的行为;抽空参加幼儿园亲子活动或家长会;给幼儿一个温馨、安全的家庭环境,不让幼儿独处家中。

特色活动

	活动	活动准备	指导要点	参与幼儿
健康大活动	穿裤子	初步学习过穿裤子	乐意自己穿裤子，继续学习塞裤子，不等待老师的帮忙	各班级幼儿
安全教育活动	开门、关门的安全	对班级门的位置有一定了解	共同讨论开门关门的公约，在幼儿园和家中注意开门关门的安全	各班级幼儿
户外活动	观察大蒜	每人种植一棵大蒜	观察自己种植的大蒜，与同伴交流自己的发现	本班幼儿
	风车转转	幼儿园的户外场地	在指定的范围内玩游戏，感受风的特点	本班幼儿
语言活动	小白想妈妈	绘本《小白想妈妈》或PPT	感受绘本故事的内容，体验小白想妈妈的心情	本班幼儿
	小白乘火车	绘本《小白乘火车》或PPT	观察绘本的画面，学说简短的语句，乐意表达自己的发现	本班幼儿
	小白尿床了	绘本《小白尿床了》或PPT	阅读绘本，感受小白尿床以后的难过心情	本班幼儿
	小白生病了	绘本《小白生病了》或PPT	和老师一起阅读绘本，回忆自己生病的情景，体验小白的感受	本班幼儿
音乐活动	我的好妈妈	钢琴或成品音乐	大胆演唱歌曲，边唱边表演给妈妈端水、请妈妈坐下的动作	本班幼儿
	走路	钢琴或成品音乐	能边唱歌曲边表演小动物走路的姿态，喜欢唱歌	本班幼儿
	熊出没	钢琴或成品音乐	随音乐节奏做韵律动作，能主动和同伴互动交流	本班幼儿

区域活动

	活动与指导要点	幼儿发展目标	材料与层次
建构区	活动：高高的楼房 指导要点：学习用积木进行平铺、垒高和围合，盖出喜欢的房子	大胆用中型积木进行立体建构造型；提高手眼协调能力	材料：中型积木 层次一：大胆用积木建构，有一定造型； 层次二：建构自己喜欢的房子，能运用不同的技能； 层次三：尝试运用平铺、垒高、围合的技能进行房子建构
生活区	活动：妈妈的小厨房 指导要点：运用各种方法辨别糖、盐、酱油三种调料	认识糖、盐、酱油三种不同的调料；运用看、闻、尝等多种方法辨别调料	材料：透明塑料杯若干，各种调料，如白糖、盐、酱油，小勺若干，装温开水的水壶，抹布 层次一：尝试用看、闻、尝等多种方法辨别三种调料，知道调料的名称； 层次二：愿意动手尝试将各种调料放入水中，观察调料溶于水后的变化； 层次三：学习用看、闻、尝等多种方法观察、发现水量的多少与调料颜色、味道、气味的变化
	活动：香香的开心果 指导要点：能自己剥开开心果，并进行品尝	探究剥开心果的正确方法；品尝并说出开心果的味道	材料：开心果、盘子、小勺、纸巾等 层次一：乐意自己剥开心果； 层次二：独立完成剥开心果的任务，并进行品尝； 层次三：和同伴一起分享自己剥好的开心果
美工区	活动：我的小房间 指导要点：能用剪刀剪下自己所需要的房子图片，布置自己的房间	学习用剪刀剪下图片，并将其粘贴在底板上	材料：各类居家广告图片，自制房间设计图纸，剪刀、胶棒 层次一：尝试使用剪刀，剪下自己所需的图片； 层次二：能剪下图片，将图片粘贴在自己喜欢的位置； 层次三：能沿边线剪下自己所需的图片，尝试自己布置小房间

续表

	活动与指导要点	幼儿发展目标	材料与层次
美工区	活动：送给妈妈的礼物 指导要点：会利用玩具，用压印画的方法装饰送给妈妈的礼物（衣服、裙子、手套等）	大胆在衣服、裙子、手套等底板上压印图案花纹	材料：压印玩具，颜料，抹布，妈妈衣服（或裙子）底图 层次一：使用老师准备好的玩具进行压印装饰； 层次二：能自己寻找玩具进行压印，自己选择颜色； 层次三：能选择自己喜欢的压印材料和颜色创造性地进行装饰
	活动：爸爸的领带 指导要点：发挥创造力和想象力，能用添画、拼贴等方法进行装饰	大胆运用添画、拼贴等方法装饰送给爸爸的领带	材料：领带的底图（领带穿上皮筋，爸爸可以佩戴），蜡笔，各种线条、图案的范例图 层次一：在教师指导下进行装饰活动； 层次二：能够独立装饰领带，在观察范例的基础上运用不同线条和图案等； 层次三：能够独立设计和运用两种以上的线条、图案进行装饰活动
益智区	活动：我家住哪里 指导要点：能按住址信息送小朋友回到自己的家	能按物体特征进行归类	材料：楼房的图片若干，楼房有高层和多层，分别编号为1~7幢，且是不同的颜色；幼儿住址的信息（如：××住在第1幢；××住在高层等）；幼儿的照片 层次一：理解住址信息栏中信息，知道小朋友的家在哪里； 层次二：能按信息将小朋友送回家； 层次三：能根据信息提示送小朋友回家，并能边操作边讲述
	活动：房子拼图 指导要点：尝试用房子的碎片进行拼图组合	能利用各种方法，根据局部画面组合成整体	材料：剪好的房子平面拼图（可以是房子外部的，也可以是房子内部布局的平面图） 层次一：尝试运用在底图上累加小图的方法拼出房子； 层次二：借助图例，通过观察将碎片组合成房子； 层次三：观察小图的细节以及形状，借助图例进行多块的组合

续表

	活动与指导要点	幼儿发展目标	材料与层次
益智区	活动：分袜子 指导要点：尝试将袜子配对并根据标记归类	能够把一样的袜子配成对，再根据标记的要求分类	材料：长短、大小不同的袜子，标记 层次一：尝试将不同长短、大小的袜子配对； 层次二：理解并说出不同标记代表的分类含义； 层次三：尝试将袜子配对并且根据标记归类
探究区	活动：瓶子叮叮咚 指导要点：尝试敲击里面装有不同水量的瓶子，感受发出的不同声音	感受不同水量的瓶子能发出不同的声音，探究瓶子里水量与声音的关系，并用语言表达出来	材料：大小相同的瓶子，里面装有不同颜色、不同量的水，小棒等 层次一：尝试用小棒敲击瓶子，感受声音的不同； 层次二：尝试用小棒连续敲击瓶子，发现瓶子里水量多少和声音的关系； 层次三：探究瓶子里水量多少和声音的关系，并用语言表达出来
阅读区	活动：小白绘本系列 指导要点：和同伴、老师一起看书，安静地阅读	安静地阅读图书，会顺着书页边缘翻阅	材料：绘本 层次一：能够安静地倾听教师讲述绘本内容； 层次二：在教师的引导下，边听故事边翻阅绘本； 层次三：自己翻阅图书，边看边大胆讲述故事内容
	活动：和爸爸妈妈在一起 指导要点：通过阅读感受与父母在一起的温暖与快乐	能在观察阅读中发现有趣的信息	材料：制作一本班级的《我和爸爸妈妈在一起》相册，每个孩子带一两张"爸爸妈妈爱孩子"的活动或游戏的照片 层次一：愿意阅读自制的图书，能看完一页翻一页； 层次二：观察《我和爸爸妈妈在一起》的开心事，愿意边看边讲述； 层次三：愿意将自己看到的开心事与老师和同伴分享
扮演区	活动：我做爸爸妈妈 指导要点：愿意运用各种道具进行扮演活动，表现不同人物的特点	初步了解不同人物的特点并尝试进行扮演和表现	材料：各种家庭成员的衣服和用具，如：皮包、钱夹、皮鞋、高跟鞋、老花镜等 层次一：愿意利用各种道具进行扮演活动； 层次二：能利用各种道具扮演角色，用各种身体动作表现家庭成员的特点； 层次三：能利用各种身体动作和语言介绍自己表现的不同人物的特征

集体教学活动

第一周		第二周	
1.	开学第一天（社会）	1.	小熊醒来吧！（语言）
2.	我有一个幸福的家（语言）	2.	好妈妈（音乐）
3.	我家有几口（数学）	3.	我爸爸（美术）
4.	让爱住我家（音乐）	4.	去做客（社会）
5.	我家的房间（科学）	5.	大小排序（数学）
第三周			
1.	造房子（美术）		
2.	爷爷、奶奶、小宝贝（社会）		
3.	爱的甜甜话（语言）		
4.	小猪盖房子（体育）		
5.	妈妈来到幼儿园（综合）		

第一周　活动一　开学第一天（社会）

活动目标

1. 乐意和不同的同伴组成小组，并一起商定小组的名称。
2. 发现并说说班级环境和同伴的变化，喜欢自己班级的新环境。
3. 感受开学和老师、同伴见面的欣喜与快乐。

活动准备

物质准备：班级已经布置好区角环境和墙饰；标记图片、笔、纸等。

经验准备：幼儿有过选组的经验。

活动过程

一、导入活动，大家互相问好，感受与同伴、教师见面的快乐。

1. 教师：过了一个寒假，我们又见面了，心里有什么感觉？为什么会有这样的感觉？可以用什么方法表达自己的快乐？
2. 幼儿可以互相抱抱、亲亲，表达自己的快乐。
3. 幼儿简单讲述自己在寒假里遇到的开心事。

教师：寒假中你遇到了哪些开心事，可以和我们分享一下吗？

二、认识班级的环境和区域，介绍区域活动的一些规则。

1. 教师：新学期的学习生活开始了，我们班还是原来的样子吗？有哪些地方变化了？（幼儿自由地参观班级，大胆地说一说）
2. 教师带幼儿参观新的区域，介绍活动区的名称、活动内容，大家一起商量活动的规则，并由教师记录下来。

教师：小朋友们又长大一岁了，区域活动的内容又有了新的变化，大家要共同遵守一些新的游戏规则，想一想，我们可以怎样做呢？

三、幼儿商量小组的名称，自选标记。

1. 教师：这学期我们还要重新分组，让小朋友和更多的小伙伴在一起学习游戏。
2. 教师按幼儿个头的高矮给他们排队。

教师：我是怎样给你们排队的？（从矮到高）

3. 教师：上学期，我们是用什么作小组名称的？这学期你们想用什么作小组的名称呢？（幼儿发表自己的意见，可以用动物、植物、动画片的人物等）

4. 各小组确定组名。
5. 幼儿回忆毛巾、茶杯的标记。
6. 幼儿重新选择自己的小床。

活动建议

教师可将幼儿制定的规则用图画出来，贴在活动区里，引导幼儿在活动中理解并遵守这些规则。

活动二 我有一个幸福的家（语言）

活动目标

1. 学习儿歌《我有一个幸福的家》，进一步熟悉自己家庭的主要成员。
2. 学会有感情地朗诵诗歌，学习词语"亲亲热热"；发准"幸福""一起"的音。
3. 感受儿歌蕴含的温馨、幸福的情感。

活动准备

物质准备：每个幼儿带一张全家人的合影；可以贴照片的房子图。

经验准备：请父母活动前向幼儿介绍自己的姓名、工作。

活动过程

一、通过提问的方式引出主题。

教师：小朋友，你们的家里都有谁？你们喜欢自己的家吗？为什么？

二、出示图片，引导幼儿初步感知诗歌内容。

1. 教师：这幅图片中有谁？他们看上去怎么样？老师把这幅图画编成了一首好听的儿歌呢！
2. 教师（边播放配乐儿歌边引导幼儿看图画）：小朋友，你们听到了什么？在幸福的家里有谁？在家里大家是怎样的？

三、幼儿与教师一起朗诵儿歌。

幼儿一边学念儿歌，一边跟教师学做动作。

四、引导幼儿理解儿歌的含义。

教师：为什么说我有一个"幸福"的家？你们知道"幸福"是什么意思吗？那"亲亲热热"又是什么意思呢？

五、变换形式朗诵儿歌。

如：我有一个……的家，有……有……，还有我这个……，……在一起，我们都爱……

等。(……的部分默念,提高幼儿朗诵的兴趣)

六、幼儿尝试在儿歌中加入其他家庭成员进行仿编。

教师:小朋友,你们家里除了有"爸爸妈妈"和"我这个小娃娃"之外还有谁呢?对,除了有爸爸妈妈还有爷爷奶奶、哥哥姐姐。那我们把他们也一起编进儿歌里去,好吗?(教师逐一出示图片引导幼儿仿编儿歌)

七、幼儿游戏表演。

1. 幼儿边朗诵边表演,体验亲亲热热的情感。

教师:现在请小朋友来做"爸爸妈妈"及"我这个小娃娃",让小娃娃介绍他的家,要把"幸福"和"亲亲热热"表现出来。想一想,应该怎么做呢?

2. 幼儿表演自己仿编的诗歌。

教师:现在我们请小朋友来表演一下刚才仿编的诗歌。

活动建议

可以将贴上照片的房子布置在班级的美工区中,请幼儿为爸爸妈妈做礼物,并贴在爸爸妈妈的照片下面。

附儿歌:

我有一个幸福的家

我有一个幸福的家,
有爸爸,有妈妈,
还有我这个小娃娃。
亲亲热热在一起,
我们都爱这个家。

活动三 我家有几口(数学)

活动目标

1. 知道自己家有几口人,并能说出总数,进一步感知 5 以内的数量。
2. 尝试迁移日常生活经验,借助游戏感知 5 以内的数量。
3. 能按操作规则进行游戏,边操作边讲述。

活动准备

物质准备：

1. 教具：点子卡片3—5，绒布娃娃若干。

2. 学具。

第一组"我家有几口"：娃娃图（房子里面住着不同数量的娃娃），数量1—5的点子图。

第二组"我家有几口"：分类盒，数量1—5的点子图，娃娃卡片若干（数量为1—5）。

第三组"点卡、实物卡匹配"：点卡（数量为1—5）、实物卡（数量为1—5）、分类盒。

第四组"穿项链"：操作单（按AB规律穿项链）。

经验准备：幼儿了解自己的家里有哪些人。

活动过程

一、向小熊介绍自己的家人。

1. 教师出示绒布小动物。

教师：今天，××要到小朋友家去做客，他到谁家，就请谁介绍一下自己家有些什么人。

2. 以听音乐传小动物的方式，请幼儿轮流介绍自己的家人（重点介绍有几个人，是谁）。

二、游戏：我家有几口。

1. 教师介绍游戏的玩法：布置数量为3—5的点卡在娃娃家，请幼儿按点卡的数量送相应数量的娃娃回家。

2. 个别幼儿按点卡数量送娃娃回家。

3. 幼儿数一数点卡上的数，看看娃娃有没有走错家门。

三、欣赏儿歌，学习数家人的方法。

1. 教师朗诵儿歌，请幼儿听一听，并说说儿歌里是怎么数家人的。（掰手指）

2. 幼儿和教师一起学念儿歌《我家有几口》，边念边用掰手指的动作表现儿歌的内容。

四、小组操作活动。

1. 介绍小组游戏。

（1）游戏名称：我家有几口（一），我家有几口（二）

教师：这两个游戏都是"我家有几口"，第一个是房子里住着不同数量的娃娃，请你数一数每座房子里有几个娃娃，贴上相应的点卡；第二个是数一数点子图，把它插在分类盒上，送上有相应娃娃数量的卡片。

（2）游戏名称：点卡、实物卡匹配

教师：这个游戏是点卡、实物卡匹配，仔细数清楚有多少点子和实物。

（3）游戏名称：穿项链

教师：这个游戏是"穿项链"，穿项链的时候要想一想珠珠怎么排才漂亮。

2. 幼儿操作，教师巡回指导。

五、总结活动，提升经验。

幼儿知道自己小组里有几个小朋友。

活动建议

在科学区中，为幼儿准备"我家有几口"调查统计表，代表家庭成员数量的点卡和数卡等，请幼儿统计自己家的成员，并和同伴相互交流。

附儿歌：

我家有几口

我家有几口？
掰掰手指头。
爸爸、妈妈和我呀，
还有一个布娃娃。
一、二、三、四，
一共有四口。

活动四 让爱住我家（音乐）

活动目标

1. 初步感受歌曲柔和、舒缓的旋律及稚嫩可爱的童声。
2. 迁移生活经验，尝试用动作、语言、歌曲等参与音乐活动，体验歌曲中传递的美好温馨。
3. 主动参与活动，享受与家庭成员之间相亲相爱的美好情感。

活动准备

物质准备：乐曲，CD机，歌曲原唱录像。

经验准备：知道自己的家庭成员。

活动过程

一、开始部分。

复习儿歌《我家有几口》。

二、基本部分。

1. 回忆与家人在一起美好快乐的生活经历。

教师：刚才我们在歌里唱了有几口人？你最喜欢和他们在一起做什么事情？

2. 欣赏节选歌曲《让爱住我家》第一段，感受歌曲的旋律特征，尝试用语言和动作表达自己的感受。

（1）幼儿欣赏歌曲第一段，进行倾听和表达。

教师：歌曲中的"家"中有谁？你听了有什么感觉？可以把你的感觉说出来，也可以用动作表达出来。

教师：就像你们说的那样，这首歌唱起来慢慢的，听上去很舒服，让人觉得很温暖。

（2）师幼一起创编温暖幸福的动作。

教师：你可以用一个动作表示你很温暖幸福吗？

3. 欣赏歌曲童声部分，进一步感受温暖。

（1）欣赏歌曲童声部分"我爱我的家……常常陪我玩耍"。

教师：谁在唱歌？（小姐姐）唱了什么？

（2）幼儿尝试与教师一起演唱童声部分。

教师：下面我们就跟着小姐姐一起来唱一唱吧！

（3）幼儿边回忆歌词边尝试创编动作。

4. 欣赏歌曲合唱部分。

（1）幼儿按歌曲中的人物演唱顺序贴图。

教师：谁第一个为我们演唱的？接着还有谁？

（2）引导幼儿用身体动作表现"家"和"让爱永远住我家"。

5. 欣赏完整歌曲。

（1）幼儿欣赏完整歌曲，边听边跟唱。

教师：这首歌的歌名是《让爱住我家》。

6. 欣赏歌曲原唱录像，感受画面的温馨，幼儿跟唱并自由表演歌曲。

附：让爱住我家

$1=F \dfrac{4}{4}$

5 1 1 5	2 - 0 0	1 6 7 1	7 5 0 0	6 5 5 4
我 爱 我 的 家		弟 弟 爸 爸 妈 妈		爱 是 不 吵
我 爱 我 的 家		弟 弟 爸 爸 妈 妈		爱 是 不 嫉

$\dot{5}$ - 0 0 | $\dot{6}$ $\dot{7}$ 1 2 | 3· $\underset{\frown}{2}$ 2 - | $\dot{5}$ 1 1 $\dot{5}$ | 2 - 0 0 |

架　　　　　常 常 陪 我 玩　耍　　我 爱 我 的 家
炉　　　　　弟 弟 有 啥 我 有 啥　　我 爱 我 的 家

1 $\dot{6}$ $\dot{7}$ 1 | 7 $\underset{\frown}{\dot{6}\dot{5}}$ 5 0 | $\dot{6}$ $\dot{5}$ 5 4 | 5 - 0 0 | $\dot{6}$ $\dot{7}$ 1 2 |

儿 子 女 儿 我 的 他　爱 就 是 忍 耐　　　　　家 庭 所 有
儿 子 女 儿 我 的 他　爱 就 是 感 恩　　　　　不 计 任 何

3· $\underset{\frown}{2}$ 2 - | $\dot{6}$ 1 1 $\dot{6}$ | 2 - 0 0 | 1 $\dot{6}$ $\dot{7}$ 1 1 | 7 5 $\underset{\frown}{\dot{6}\dot{5}}$ 5 0 |

烦 躁　　　我 爱 我 的 家　　　　儿 子 女 儿 我 亲 爱 的 她
代 价　　　我 爱 我 的 家　　　　儿 子 女 儿 我 亲 爱 的 她

$\dot{6}$ $\dot{5}$ 5 4 | 5 - 0 0 | 4 3 1 2 | 1 1 1 - - ‖: 3 5 5 3 |

爱 就 是 付 出　　　　让 家 不 缺 乏　　　　让 爱 天 天
爱 就 是 珍 惜　　　　时 光 和 年 华　　　　让 爱 天 天

2 1 2 2 - | 1 3 3 1 | 7 $\underset{\frown}{\dot{6}\dot{5}}$ 5 4 | 4 1 1 1 4 | 5 1 1 - |

住 你 家　　让 爱 天 天 住 我 家　不 分 日 夜 秋 冬 春 夏
住 你 家　　让 爱 天 天 住 我 家　充 满 喜 乐 拥 有 平 安

|1.
$\dot{6}$ 7 1 1 1 - | 3 2 1 1 1 2 :‖ |2. $\dot{6}$ 7 1 1 1 - | 1 - 4 3 1 7 |

全 心 全 意　　爱 我 们 的 家　　让 爱 永 远　　住 我 们 的

1 - - - | $\dot{6}$ 7 1 1 1 - | 1 - 4 3 1 7 | 1 - - - ‖

家　　　　让 爱 永 远　　住 我 们 的 家。

活动五 我家的房间（科学）

活动目标

1. 知道家里各种房间（卧室、客厅、厨房、卫生间等）的名称和功能。
2. 能观察房间摆设，猜测房间用途，大胆说出自己的观点。
3. 对多样的房屋感兴趣，愿意进一步探究。

活动准备

物质准备：幼儿自己家中房间的照片；家中不同房间（客厅、睡房、厨房、卫生间、书房等），各种家具的图片若干（如：沙发、床、灶台、马桶、书橱等）；房子轮廓图，不同房间、家具的图片人手一份。

经验准备：幼儿已经知道自己的家中有几个房间，以及每个房间的名称。

活动过程

一、观察各式住宅房屋，导入活动。

教师：看一看，这是什么？（房子、楼房）它们是什么样的房屋？（幼儿简单描述高楼或平房外形）猜猜看，这些房子是做什么用的？（这是人们居住的房子）

小结：房屋是各种各样的，我们居住的房子叫住宅房屋。

二、观察各种住宅房屋的图片，知道住宅房屋里的房间有不同的功能。

1. 教师逐一出示不同的房间图片，幼儿观察并猜测房间功能。

教师：请你看看这是家里的哪个房间，你是怎么知道的？

小结：原来不同的房间有不同的功能，里面摆放了不同的家具。

2. 幼儿操作游戏：家具回家啦。

教师请幼儿观察不同的房间，并把各种家具的图片送回相应的房间，感知不同房间的功能。

教师：这里有一些家具，它们要回到自己的房间里，请小朋友来帮帮它们。

3. 师幼讨论：为什么要把沙发放到客厅里？为什么要把马桶放在卫生间里？

小结：每个住宅房屋里都有不同功能的房间，有主卧室、儿童房、客厅、餐厅、书房、厨房和卫生间，这些房间摆放的家具都不一样。儿童床应该放到孩子的卧室里，大床应该放到爸爸妈妈的卧室里，书橱应该放到书房里，马桶应该放到卫生间里，灶台应该放到厨房里，沙发应该放到客厅里。

三、游戏：小小设计师。

1. 教师出示房子轮廓图以及不同的房间图和家具图等，激发幼儿做小小设计师的兴趣。

教师：你愿意自己来设计房子吗？

2. 幼儿选择自己喜欢的房子轮廓图，先在房子里布置不同的房间，然后在每个房间里摆上不同的家具。

3. 幼儿互相欣赏自己设计的房子，说一说自己最喜欢的房子是哪个。

活动建议

1. 在美工区中，准备居家广告图片、售房广告、房间设计纸、剪刀等材料，请幼儿剪贴自己喜欢的房子或房间。

2. 在环境创设时把班级的活动室按家庭中的房间进行划分，如卫生间、卧室、客厅等。

第二周 活动一 小熊醒来吧！（语言）

活动目标

1. 理解散文的主要内容和动物角色的形象，感受并学习作品中的拟声词。
2. 通过角色扮演游戏，体验母子间浓浓的亲情。
3. 体验小熊和妈妈亲密的感情，乐意表现母子之间的爱。

活动准备

物质准备：围裙、小鸟、老鼠、小熊、大象等动物形象教具；轻音乐。

经验准备：幼儿有过被妈妈喊起床的经历。

活动过程

一、情感唤醒，导入活动。

教师：每天早晨是谁叫醒我们起床的？她是怎样说，又是怎样做的？

二、欣赏文学作品，理解内容、熟悉动物形象。

三、伴随轻音乐，听故事至"大象来了……小熊还睡着"。

教师：小熊在干什么？都有谁来叫他起床？他醒来没有？

四、幼儿倾听故事前半段至"地都震动了，小熊还睡着"，教师演示教具。

教师：这些动物是怎样叫小熊起床的？为什么小熊没有醒来？

教师：你觉得谁有办法叫醒小熊？

1. 幼儿再次伴随音乐边听故事边看教师演示教具。

教师：谁叫醒了小熊？她是怎样说的？小熊又说了什么？

教师：为什么妈妈能叫醒小熊呢？

2. 幼儿边看图片边与教师共同讲述故事中的内容。

五、扮演小熊与妈妈做游戏，尝试学说小熊的话，体会自己与妈妈之间的爱。

幼儿扮演小熊假装睡着，请"妈妈们"轻轻走到身边叫醒"小熊"，反复玩2~3次，体会自己与妈妈的爱。可在玩过一次后增加游戏难度，让"妈妈们"先叫醒2~3名幼儿，最后再叫醒自己，增加趣味性。

活动建议

可以邀请几位妈妈参加活动配合游戏，活动时请妈妈先躲起来，在"叫醒小熊"时请妈妈出现，增加游戏的趣味性，给幼儿惊喜。

附故事：

小熊醒来吧！

熊妈妈很早就起来干活了。小熊还在睡觉。

鸟儿唱着歌，喊小熊起床："嘀哩！嘀哩！"小熊没听见。

老鼠叫："吱吱，吱吱！"小熊还是没听见。

小狗喊："汪汪，汪汪！"小熊睡得很熟，什么也听不见。

"啪嗒！啪嗒！"是小鹿来了，小熊还睡着。

"咚咚！咚咚！"是大象来了，地都震动了，小熊还睡着。

熊妈妈回来了，轻轻地朝他说："小熊醒来吧！"小熊听得很清楚，说："哦，妈妈！我睡得多香呀！"小熊醒来了。

活动二　好妈妈（音乐）

活动目标

1. 初步感受歌曲优美的旋律，学习用连贯、柔和的声音演唱，表达对妈妈的情感。
2. 尝试看图标理解歌词，创编相应的动作。
3. 体验与同伴合作表演的乐趣。

活动准备

物质准备：和歌词内容配套的图片一组（妈妈、背包、椅子、茶杯、嘴巴等）；简单场景（有小桌、椅子、茶杯）。

经验准备：幼儿有过关心妈妈的经历。

活动过程

一、师幼讨论导入话题。

1. 教师：妈妈工作很辛苦，回到家，我们应该怎样关心妈妈呢？

2. 幼儿讲述如何关心妈妈。

二、学习歌曲《好妈妈》，感受歌曲优美的旋律。

1. 教师布置好场景，讲述小朋友关心妈妈的故事。

教师在布置好的场景中边说边操作：有一个小朋友，他很会关心妈妈。妈妈下班回到家，他请妈妈快坐下，喝一杯茶，还亲亲他的好妈妈。

2. 幼儿完整倾听教师范唱歌曲。

教师：这里有首歌曲，唱的就是小朋友关心妈妈，让我们一起听一听。

3. 教师出示图标，帮助幼儿梳理歌词。

教师：你听到歌曲里唱了什么？

4. 幼儿尝试跟随音乐伴奏，边看图标边朗诵歌词。

教师：你能看着图标念一念吗？

5. 听伴奏，幼儿边看图标边和教师共同演唱歌曲。

教师：让我们试着唱出来吧。

三、幼儿尝试创编与歌词内容相应的动作。

1. 教师：我们很爱自己的妈妈，今天我们可以把这首歌唱给妈妈听，能不能一边唱歌一边做动作？

2. 师幼共同提炼歌曲中的动作。（喝茶、坐下、亲亲你）

四、幼儿随音乐完整地表演，激发爱妈妈的情感。

附：好妈妈

$1=F \quad \dfrac{2}{4}$

(5 5 6 5 | 3 3 3 3 0 | 5 3 3 3 2 | 1 0) | 3 3 5 2 2 |
　　　　　　　　　　　　　　　　　　　　　　　　　我的　好妈

1 0 | 3 3 5 6 6 | 5 0 | 2 3 5 6 | 3 2 3 0 |
妈，　　　下班　回到　家，　劳　动了　一　天

5 6 5 3 | 2 0 | 3. 3 3 2 1 6 5 0 | 3 3 3 2 |
多么　辛苦　呀。　　妈 妈 妈 妈 快 坐 下，　妈妈妈妈

1 6 5 0 | 5 6 1 2 | 3 - | 5 3 5 6 6 | 5 3 2 0 | 5 3 5 6 6 |
快 坐 下，　请喝一杯　茶，　　让我　亲亲　你吧，　让我　亲亲

5 3 2 0 | 5 3 3 2 | 1 - | 3. 5 | 2 0 2 0 | 1 0 ‖
你 吧，　我的 好妈　妈。　我　的　好 妈　妈。

活动三　我爸爸（美术）

活动目标

1. 运用不同线条、形状表现爸爸的五官和主要特征。
2. 能大胆作画，乐意与同伴介绍并描述自己绘画的爸爸形象。
3. 进一步表达对爸爸的爱。

活动准备

物质准备：不同脸型的底图，水彩笔；爸爸的照片。

经验准备：幼儿在活动前了解自己爸爸的长相特点。

活动过程

一、导入活动，激发幼儿兴趣。

1. 幼儿观察照片中的爸爸，说说自己爸爸的特征。

教师：你的爸爸长的是什么样子？谁来说一说？

教师：你的爸爸有什么特点？哪里和别人不一样？

2. 引导幼儿说出自己爸爸的特点，以及爸爸与别人的不同之处。

二、教师引导幼儿观察爸爸的照片，发现爸爸的脸型、发型、五官的特点。

教师：你爸爸的脸是什么形状的？头发是什么样子的？（尝试运用短线表现头发）眼睛是大大的还是小小的？（运用圆形、线条表现不同形状的眼睛）爸爸的鼻子是什么样子的？爸爸的嘴巴呢？

三、幼儿选择不同脸型的底图，根据自己对爸爸的观察用绘画的形式表现自己爸爸的脸部特征。

教师：你们可不可以把自己的爸爸画下来并介绍给你的小伙伴呢？要画得像自己的爸爸哦。

指导重点：

1. 鼓励幼儿大胆表达自己对爸爸的观察和了解，在进一步观察的基础上表现自己的爸爸与别人的爸爸不同的地方。例如：发型的不同，胡子的不同，是否戴眼镜等。

2. 大胆地绘画出自己的爸爸，能用不同的线条、形状表现爸爸的五官。

四、展示幼儿作品，幼儿向同伴介绍自己爸爸的特点。

活动建议

1. 可根据幼儿的实际情况选择提供不同的底纸或让幼儿自由地用线条表现自己爸爸的特征。能力强的幼儿也可以自己画脸型。

2. 在集体活动之后，可以在区域活动中继续开展画妈妈的活动，帮助幼儿巩固绘画人物五官的方法，再迁移画自己的自画像。

活动四　去做客（社会）

活动目标

1. 知道小区是人们居住、生活的地方，通过参观初步了解小区的特点。

2. 学习文明做客的简单礼仪，并能按礼仪要求去做客。

3. 参观过程中能大胆与人交流。

活动准备

物质准备：

1. 事先与小区的门卫联系好，做好幼儿参观的安全保障工作。

2. 事先与受访的幼儿家长联系好，做好接待幼儿的工作。

经验准备：对自己家的小区有初步了解。

活动过程

一、交代参观内容，提出参观的具体要求，激发幼儿参观的兴趣。

教师介绍今天的活动，去××小朋友家参观。提醒幼儿注意事项：参观途中要注意安全，不乱跑；到同伴家里做客时要注意文明礼仪。

二、组织幼儿参观小区，并到××小朋友家做客。

1. 参观小区，了解小区门卫的工作，参观户外环境和设施。

（1）丰富幼儿的生活经验，初步了解门卫的工作，听门卫说说如何观察辨别可疑人物，如何防止他们进入小区。

（2）带领幼儿围绕小区走一圈，欣赏小区内的绿化带，参观健身场所，了解一些健身器械及其作用。引导幼儿观察小区内的常见景物，感受社区环境的自然美。

2. 到事先联系好的小朋友家做客，注意做客的礼仪。

（1）有礼貌地进入××小朋友的家。

（2）仔细听小主人的介绍。

（3）自由地参观各个房间，说出它们的名称。

（4）和××小朋友及其家长拍照留念，道别。

三、离开××小朋友家，回园讨论。

师幼讨论：你在小区里看到什么？听到什么？如果有人去你家做客，你会怎么做？

活动建议

1. 事先联系住在附近的幼儿的家长进行参观活动，根据活动实际可采用分组的形式进行，避免一次去的人数太多。

2. 在参观中注意捕捉幼儿感兴趣的点进行引导，例如：房子的楼层、电梯等。

活动五 大小排序（数学）

活动目标

1. 能按大小差异给一组（数量在4以内）物体排序。
2. 在操作活动中增加对家庭物品的认识。
3. 能用简单的语言表达自己的操作过程。

活动准备

物质准备：

1. 教具：小姑娘图片、大小不同的碗4个、大小排序板。
2. 学具。

第一、二组"小床排序""小碗排序"：大小不同的床（4个一组）6套，排序板6张；大小不同的碗（4个一组）6套，排序板6张，排序板上有大小标记（从大到小或从小到大）。

第三、四组"小熊家的勺子"：大小不同的勺子和大小不同的熊（4个一组）6套，排序板6张。

第五、六组"找规律"：操作单"小熊和蜂蜜罐"（AB排序）。

经验准备：幼儿会比较不同的物体的大小。

活动过程

一、小碗比一比。

1. 教师出示4个碗，幼儿观察小碗。

教师：小姑娘来到了小熊的家，看到了什么？有几个碗？它们一样大吗？

引导幼儿观察小碗，并说出它们大小的不同。

2. 幼儿比较碗的大小。

教师：哪个碗大，哪个碗小呢？师幼共同进行两两比较，得出结果。

二、出示大小排序板。

1. 教师：小姑娘想让小碗排排队，你觉得可以怎样排？哪个碗放在最前面？哪个碗放在最后面？

2. 鼓励幼儿积极思考并讲述自己的想法。

三、幼儿自主地排列小碗。

1. 教师引导幼儿沿着排序板上面的直线将小碗摆放整齐，也可以先找出最大的碗，发现大小差异后再调整。

2. 幼儿说一说自己用什么方法给小碗排序的。

四、小组操作。

1. 介绍小组游戏。

（1）游戏：小床排序、小碗排序。

教师：这里有一些小床和小碗，请你来帮助它们排排队。

（2）游戏：小熊家的勺子。

教师：请你分别给小熊一家排好队，然后再帮他们找到自己的勺子。

（3）游戏：找规律。

教师：你会不会给小熊和蜂蜜罐按规律排排队？请你试一试。

2. 幼儿操作，教师巡回指导。提醒幼儿将材料放在排序板的线上排整齐，引导幼儿比较、发现操作材料的大小差异，学习边操作边说说自己是怎么排序的。

3. 教师总结评价幼儿的操作活动。

活动建议

1. 幼儿操作时，教师应注意观察幼儿的操作过程，了解、分析幼儿采取的解决问题策略，对其给予及时恰当的帮助。

2. 在区域活动中提供大小不同的纸，引导幼儿制作大小不同的作品，并请幼儿按从大到小（从小到大）的顺序排列。

第三周　活动一　造房子（美术）

活动目标

1. 用剪好的几何图形拼贴出房子，并大胆添画人物等内容。
2. 通过探索、交流和创造表现，进一步了解房子的不同构造特点。
3. 对参加手工拼贴活动感兴趣。

活动准备

物质准备：大小和颜色都不同的正方形、三角形、长方形蜡光纸（形状要有助于幼儿拼贴出房子）若干；糨糊、抹布若干；各种房屋造型图片。

经验准备：幼儿有过用积木建构房子的经验。

活动过程

一、师幼共同观看各种房屋造型图片,分析房子的结构。

1. 教师:这是什么?它们是什么样子的?房顶是什么形状的?墙呢?窗户和门呢?

2. 创设情境,激发幼儿的创作欲望。

教师:昨天森林里刮了一阵大风,把小兔的家刮倒了,小兔很着急,你们愿意帮助她重新盖一幢新房子吗?

3. 教师:你想为小兔盖一幢什么样的房子?

二、教师出示各种准备好的材料,幼儿自由创作。

1. 教师:让我们看看有哪些东西可以帮助盖房子。

教师介绍几种几何图形,如正方形、三角形等,并提出活动要求:先拼后贴,糨糊不能涂太多。

2. 幼儿尝试进行拼贴。教师巡回指导,帮助幼儿明确拼贴要点:房顶要与墙贴合起来。贴好房子后,可以添画自己喜欢的背景,如花草、人物等,让画面更加丰富。

三、作品展示与评价。

1. 教师:看一看,谁给小兔子造的房子又漂亮又结实?

2. 幼儿介绍自己造的房子:我拼贴的是什么样的房子,房子里有什么。

活动建议

教师可以提供不同形状的纸让幼儿折叠,创作各种形状的房顶。

活动二 爷爷、奶奶、小宝贝(社会)

活动目标

1. 感受爷爷奶奶对自己的爱,尝试多种方法表达自己对爷爷奶奶的爱。

2. 在与爷爷奶奶的共同活动中,增进祖孙间的情感,体验活动的快乐。

活动准备

物质准备:邀请班上小朋友的爷爷奶奶参加活动;给爷爷奶奶准备椅子、笔。

经验准备:幼儿已经学会一些敬老的歌曲、儿歌,如《好娃娃》等。

活动过程

一、幼儿请爷爷奶奶坐在自己的身边,为他们捶捶背,表达对爷爷奶奶的爱。

1. 教师:今天有很多爷爷奶奶来参加我们的活动,你们的心情怎么样?请你为爷爷奶奶搬张小椅子,请他们坐在你的身边。

2. 教师：爷爷奶奶平时照顾我们很辛苦，让我们说一声"爷爷奶奶辛苦了！"让我们给爷爷奶奶捶捶背、揉揉肩吧。

3. 幼儿给爷爷奶奶捶背、揉肩。

二、幼儿向大家介绍自己的爷爷奶奶。

教师：我们其他的小朋友还不认识你的爷爷奶奶呢！你能给我们介绍一下吗？

三、说说爷爷、奶奶、小宝贝相互关心的事，幼儿感受爷爷奶奶对自己的爱。

1. 请1~2位爷爷奶奶介绍平时是怎么照顾自己家小朋友的。

2. 教师：爷爷奶奶平时为我们做了哪些事？他们辛苦吗？

听了爷爷奶奶的介绍，你心里感觉怎样？

四、师幼共同讨论，尝试多种方法表达对爷爷奶奶的爱。

1. 教师：爷爷奶奶照顾你们很辛苦，他们真的很爱你们，你们想对他们说些什么？做些什么呢？

2. 幼儿以自己的方式表达对爷爷奶奶的爱。如：捶背、说话、揉肩等。

五、幼儿集体为爷爷奶奶表演歌曲、儿歌，表达心中的爱。

活动建议

1. 若不便邀请全体幼儿的爷爷奶奶，可以邀请部分，教师事先录制好关于这部分爷爷奶奶的介绍。

2. 若来参加活动的爷爷奶奶人数较多，可以分小组进行互相介绍环节。

活动三 爱的甜甜话（语言）

活动目标

1. 理解"甜甜话"的意思，学习用礼貌用语表达对家人、小伙伴的爱。

2. 能自己独立而完整、清晰地表达一句心中的"甜甜话"。

3. 感受被他人赞赏和赞赏他人的快乐。

活动准备

物质准备：小鸡、小猫、小羊手偶。

经验准备：能清楚地表达完整的语句。

活动过程

一、导入故事，理解"甜甜话"的意思。

1. 教师出示小动物手偶，讲述故事至第二个"喂，到我家的路怎么走啊？"

（1）教师：一天，小鸡迷路了，他遇到了几个小伙伴，他是怎样问路的呢？让我们一起听听。

（2）教师讲述故事。

教师：故事里的小羊、小猫听到小鸡这么讲会怎么样呢？（不理他，扭头走）

（3）师幼讨论：小朋友，为什么小羊、小猫不理小鸡？你们能帮帮他吗？

（4）幼儿尝试用有礼貌的语言问路。

2. 理解"甜甜话"的意思。

教师：故事的名字就叫《一句甜甜话》，什么样的话是"甜甜话"？（有礼貌的、好听的话）

二、游戏"甜甜话"。

1. 教师说出"甜甜话"（即有礼貌的话、赞赏的话），幼儿用手比划"心形"；如果教师说的不是甜甜话，那么小朋友将手放下。

2. 请几位幼儿分别上来说"甜甜话"，其他幼儿集体用手比划"心形"；同样，若上来的幼儿说的不是"甜甜话"，其他小朋友则将手放下。

三、大声说出"甜甜话"。

1. 幼儿尝试对身边的小伙伴说说"甜甜话"。

2. 教师对每一位幼儿说不同的甜甜话：走到每个幼儿身边，在他（她）的耳边说"甜甜话"，找出每一位幼儿的优点进行表扬；同时，请平时不太说话的幼儿将教师的"赞赏话"大声地复述给大家听。

3. 经验拓展。

教师：我们可以对爸爸妈妈、爷爷奶奶说什么样的"甜甜话"？

四、幼儿尝试用手语说"甜甜话"。教师用不同的手语对幼儿说"甜甜话"，引导幼儿也对老师用自己喜欢的手势说"甜甜话"。

附故事：

一句甜甜话

一天，小鸡回家时迷路了，看见一只小羊走过来，问小羊："喂，到我家的路怎么走啊？"小羊扭头就走。走着走着，小鸡看见一只小猫，问道："喂，到我家的路怎么走啊？"小猫也扭头就走。小朋友啊，为什么动物们都不理小鸡呢？

活动四 小猪盖房子（体育）

活动目标

1. 练习走过高 5 厘米、宽 20 厘米的平衡木，提高身体的平衡能力。
2. 在游戏中，探索保持身体平衡的办法。
3. 大胆参加游戏，能坚持完成任务。

活动准备

物质准备：盒子若干个，大泡沫垫 6 块，平衡木 2 个，木桩 2 个（高 40 厘米）；小猪头饰；标记"房子"的场地。

经验准备：幼儿听过"三只小猪"的故事。

活动过程

一、准备部分。

1. 幼儿佩戴小猪头饰，扮演小猪进场，教师激发幼儿的活动兴趣。
2. 幼儿听音乐做小猪操，教师用语言提醒幼儿动作。

教师：小猪吃得饱饱，闭上眼睛睡觉，大耳朵在扇扇，小尾巴在摇摇，咕噜噜，咕噜噜……

二、基本部分。

1. 幼儿自由地玩盒子，互相模仿玩盒子的方法。

（1）幼儿用盒子玩各种游戏：投掷、抛掷、顶头走、脚面踢等。

（2）教师引导幼儿一个接一个从小桥上（平衡木）过去，幼儿互相模仿过桥的动作。

教师：小猪们真棒，都过了桥，还有谁的方法和别人不一样？请你来做一做。我们大家学一学！

2. 幼儿尝试探索平稳过桥的动作。

（1）幼儿尝试自己探索平稳过桥的方法。

（2）教师小结动作要领，示范过桥的动作。

小结：保持身体直立，眼睛看着前方。

（3）幼儿尝试过桥的方法。教师引导：小猪胆量大，心不慌，步不摇，很快就过了桥。

教师在场地上布置高矮、宽窄不同的小桥，幼儿可以根据需要过桥。

（4）幼儿过桥后，用盒子一起搭建自己喜欢的房子。

三、结束部分。

教师带幼儿做放松动作（拍拍腿、拍拍手臂），一起玩吹泡泡的游戏。

活动五　妈妈来到幼儿园（综合）

活动目标

1. 愿意与妈妈一同表演和参加亲子活动，情绪愉悦。
2. 在集体的大活动中，能遵守活动的规则，不离开集体。
3. 体验与妈妈相亲相爱的情感。

活动准备

物质准备：每位妈妈准备一支口红、一个眼罩；障碍物若干；彩色皱纹纸，糨糊，小抹布；相机。

经验准备：幼儿知道妈妈要过"三八"妇女节。

活动过程

一、引出主题，请妈妈们出场进行自我介绍。

1. 播放音乐，邀请妈妈们出场。

教师：今天我们班上来了很多客人，你们瞧，她们来了。她们是谁？（妈妈）

2. 幼儿分别介绍自己的妈妈。

3. 师幼讨论：为什么我们要邀请妈妈来做客？（因为今天是"三八"妇女节，是所有妈妈的节日）

二、全体幼儿演唱歌曲《好妈妈》，邀请妈妈们一起参加表演。

教师：平时妈妈照顾我们很辛苦，让我们把好听的歌曲送给亲爱的妈妈。我们学过一首好听的歌曲《好妈妈》，让我们用好听的声音为妈妈演唱。

三、幼儿说一句"爱的甜甜话"，表达对妈妈的爱。

四、幼儿讨论爱妈妈的方式。

教师：妈妈很爱我们，你们爱妈妈吗？我们可以怎样爱自己的妈妈？（启发幼儿说出亲吻妈妈，拥抱妈妈，为妈妈做事）

五、亲子互动游戏：我的妈妈最漂亮。

1. 亲子游戏：我给妈妈化化妆。

玩法：妈妈戴着眼罩站在起跑线后，由孩子牵着绕过障碍物走到对面，孩子给妈妈涂上口红。

2. 手工礼物：送给妈妈的项链。

玩法：用长条的皱纹纸两头粘贴做成好几个环，每个环之间环环相扣做成长串的项链，送给妈妈。

六、幼儿一同与妈妈玩"五连拍"游戏。

幼儿和妈妈一起摆五个"母与子"拍照造型，教师给大家拍照留念。

活动建议

对于妈妈没时间来参加活动的幼儿，也可以由奶奶、外婆、阿姨等代替参加，或由配班老师代为参加，并做好心理安抚。

主题活动二
玩　颜　色

主题活动二
玩颜色

主题意图

　　幼儿园是个彩色的世界,玩具是彩色的,操场是彩色的,孩子们的梦也是彩色的。色彩在幼儿美术中起着非常重要的作用,它可以表现出作品的气氛和幼儿个人对颜色的爱好。同一颜色明暗度之间或不同颜色之间的逐渐过渡作为色彩的一种表现形式,一旦被幼儿理解、掌握,可运用于背景、物体的涂色中,使作品更生动、美观,从而进一步激发幼儿对美的体验,对幼儿审美能力的形成和提高起到积极的促进作用。

　　小班幼儿的年龄特点告诉我们,小班的孩子对鲜艳的色彩十分感兴趣,正处于色彩敏感期,并且小班的孩子们对于各种颜色已有一定的经验。主题活动围绕"色彩",用欣赏、讨论、实验等方法展开活动,是为了调动幼儿用各种感官来感受各种不同的颜色,同时引发幼儿尝试的兴趣,通过想象、记录等表现和表达自己对色彩的热爱。我们将与孩子一起去探寻:颜色在哪里?你会在哪发现呢?认识色彩并发现色彩带来的乐趣。

主题目标

健康:
1. 认识几种不同颜色的食物,愿意和不同的食物做朋友。
2. 继续练习听信号做动作,发展动作的灵活性。

语言:
1. 继续巩固一页一页翻阅图书,尝试用简单的色彩道具进行装扮,参与故事的表演或常见物体的模仿。
2. 通过观察发现生活环境中的色彩,学习用较清楚的语言表达自己的发现和感受。

科学：

1. 认识常见的颜色，理解颜色标记的意思。能将颜色标记与生活中物品、玩具的颜色对应匹配。

2. 认识理解大小标记，并能根据大小标记匹配大小不同的物体。

3. 在区域中大胆游戏、探索和观察，体验颜色的多种呈现形式。

艺术：

1. 尝试用替换歌词的方法创编歌曲，用身体动作参与活动，感受歌唱的乐趣。

2. 尝试在颜色游戏中使用油画棒、颜料、毛笔、宣纸、纸巾、油泥、玩具，乐意调动身体的不同部位，如手和脚，在过程中感受色彩带来的愉悦感。

社会：

1. 和图书做朋友，在阅读过程中爱惜图书。

2. 喜欢玩各种和颜色有关的游戏。

3. 了解社会生活中常见的有关颜色的物品，如红绿灯、红旗、红包等，有参与并遵守社会规则的意识。

主题网络图

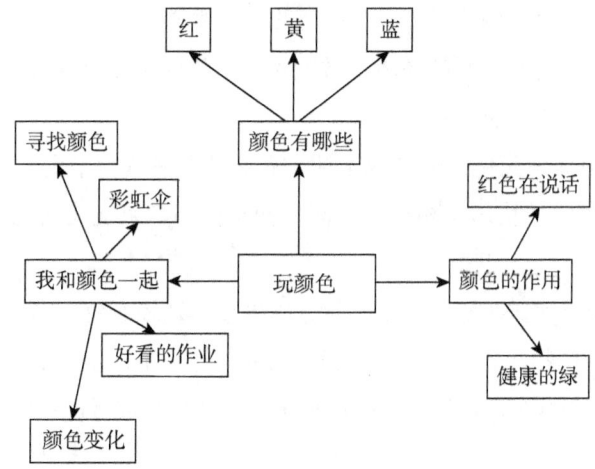

环境创设

1. 在教室墙壁的适当位置用大的纯色块涂上蓝、绿、黄、橙,增添教室色彩的情趣,也可以在颜色标记上贴上英语单词。

2. 幼儿从家中带一些五颜六色的物品来,如色彩丰富的卡片、挂历、图片、工艺品等;教师也提供一些颜色鲜艳的材料,供幼儿欣赏、摆弄、游戏。

3. 配合季节特点,进行有色彩自然物的展示和装饰。例如:红色的枫叶、鲜艳的花等。

4. 布置和颜色有关的主题墙饰"看谁飞得高",幼儿将每天得到的红花贴在五颜六色的"飞机"上。

5. 在艺术区里储备不同颜色的颜料,让幼儿玩颜色,并利用颜色进行艺术创作,把幼儿的作品(如印染画、车轮滚画等)展示在作品栏中;在表演区域,提供角色的头饰(蝴蝶、变色龙)、道具等,让幼儿进行自由的表演游戏。

三方互动

教师——引导幼儿观察周围生活中不同的色彩,感受丰富色彩给人们带来的愉悦心情;在班级的活动室中创设一个色彩丰富的环境,激发幼儿对各种色彩的敏感性;组织丰富多彩的玩颜色的游戏和操作活动,丰富幼儿的美感经验。

幼儿——在游戏中认识颜色,能说说生活中各种物品的颜色名称;在各种区域活动、集体活动中,体验色彩带来的快乐;和教师、同伴初步探索颜色变化的奇妙,喜欢参与艺术表现活动。

家长——传递给孩子有关色彩的初步知识,帮助孩子加强对色彩的认识;配合教师搜集各种单一色彩或五颜六色的物品,了解班级的相关活动,并给予孩子一定的指导;和孩子一起阅读有趣的故事书,一起玩颜色表演游戏,帮助孩子对生活物品进行色彩识别。

特色活动

	活动	活动准备	指导要点	参与幼儿
健康大活动	穿鞋子	鞋子人手一双	乐意自己穿鞋子,能分清鞋子的左右	本年级幼儿

续表

	活动	活动准备	指导要点	参与幼儿
安全教育活动	消防演习	毛巾人手一条，安全逃生通道	知道自己在消防演习中的逃生路线，能跟从老师快速逃离，不摔倒	本园幼儿
户外活动	彩虹伞	彩虹伞	巩固下蹲、起立的动作，增强腿部力量	本班幼儿
	颜色宝宝在哪里	彩色笔、纸、写生板	在幼儿园户外环境中寻找有颜色的物体，进行简单的记录	本班幼儿
语言活动	小兔子玩颜色	绘本《小兔子玩颜色》或PPT	理解绘本内容，了解颜色的变化	本班幼儿
	乱七八糟变色龙	绘本《乱七八糟变色龙》或PPT	和老师一起阅读绘本，了解变色龙的颜色变化	本班幼儿
	一本关于颜色的黑书	绘本《一本关于颜色的黑书》或PPT	理解绘本内容，丰富孩子对颜色的想象	本班幼儿
	颜色王国的秘密	绘本《颜色王国的秘密》或PPT	初步了解对比色和相似色	本班幼儿
音乐活动	大鞋和小鞋	音乐	感受、理解大鞋与小鞋两种不同的音乐形象	本班幼儿
	小小蛋儿把门开	音乐	尝试根据音乐创编歌词	本班幼儿
	蜜蜂做工	音乐	喜欢伴随音乐一起模仿蜜蜂飞的动作	本班幼儿

区域活动

	活动与指导要点	幼儿发展目标	材料与层次
建构区	活动：彩色的房子 指导要点：尝试使用围合、垒高等技能，根据彩色的房子图片建构房屋	喜欢使用积木进行搭建活动，有探索新技能的愿望	材料：彩色积木，彩色小镇的图片 层次一：能够用彩色积木搭建高低不同的房子； 层次二：通过数积木的个数来比较房子的高矮

续表

	活动与指导要点	幼儿发展目标	材料与层次
生活区	活动：穿鞋子 指导要点：能分辨出鞋子的左右脚，尝试两手配合穿鞋子；培养生活自理能力和动手能力	能自己穿鞋子，遇到困难时会主动寻求帮助	材料：小朋友的鞋子 层次一：愿意尝试动手穿鞋子； 层次二：能区分鞋子的左右，基本能独立穿鞋子
	活动：挂衣服 指导要点：知道要把衣服展开挂在衣架上；会用钻山洞的方法，把反的衣服袖子和裤腿翻正	知道衣领的位置，知道衣架挂衣服的位置	材料：衣服若干，衣架 层次一：能把衣服架在衣架上； 层次二：能把衣领或裤腰架在衣架上； 层次三：会用钻山洞的方法，把反的衣服袖子和裤腿翻正，然后挂在衣架上
美工区	活动：做陀螺 指导要点：能用红、黄、蓝等颜色画出不同图案的陀螺，探索玩陀螺的方法	在教师的帮助下，喜欢玩陀螺的游戏，有兴趣用颜料装饰陀螺	材料：美工笔、颜料，白色陀螺 层次一：能用美工笔在陀螺上画出各种颜色，并尝试将陀螺转起来； 层次二：能够使用红、黄、蓝等颜色装饰陀螺，会玩陀螺； 层次三：能用红黄蓝色块装饰陀螺，在玩陀螺的过程中发现色彩的变化
	活动：花蝴蝶（对称印染） 指导要点：会用对称的方法使用水粉颜料印蝴蝶花纹	能根据自己的喜好选择不同颜色的颜料，用对印的方法参与绘画活动	材料：水粉颜料、小纸杯、黑色和白色卡纸剪成的蝴蝶底图 层次一：欣赏蝴蝶翅膀的美； 层次二：选择自己喜欢的颜料参与绘画活动； 层次三：会用对称的方法使用水粉颜料印蝴蝶花纹
	活动：彩色格子的大象 指导要点：能使用红黄蓝格子装饰大象	有绘画红黄蓝格子的经验，能将颜色涂在格子中	材料：《花格子大象艾玛》系列绘本，大象底图，红黄蓝水粉，美工笔，勾线笔 层次一：能在大象底图上用勾线笔画出大小不同的格子，并涂上颜色； 层次二：能在大象底图上用勾线笔画出大致相同的格子，并涂上红黄蓝颜色

续表

	活动与指导要点	幼儿发展目标	材料与层次
益智区	活动：磁铁拼摆 指导要点：能自主进行磁铁拼摆的游戏	对组合图形感兴趣	材料：磁铁拼摆玩具 层次一：能利用玩具中的图片说明进行拼摆； 层次二：能发挥想象，创造性地拼出一些物体
	活动：颜色棋 指导要点：探索颜色棋的玩法，能根据骰子的颜色挪动相应的娃娃棋子	初步学习玩棋的方法	材料：颜色棋玩具，六面不同颜色的骰子一个，和骰子相对应的不同颜色的六个娃娃棋子 层次一：能和老师一起，一边掷骰子，一边玩棋； 层次二：能自己一边掷骰子一边玩棋，每次走一格
探究区	活动：彩虹色的泡泡 指导要点：使用不同形状的工具，制作出彩色的泡泡	有吹泡泡的经验，会较细致地观察	材料：圆形、三角形、方形等各种形状的吹泡泡的工具，泡泡水 层次一：尝试用工具吹出泡泡，并观察泡泡的形状和颜色； 层次二：能用不同形状的工具吹出泡泡，认真观察泡泡的形状和颜色并记录
	活动：颜色变变变 指导要点：在老师的帮助下，将红、黄、蓝等不同颜色的水滴在一起，观察变化，并进行简单的记录	认识红、黄、蓝等颜色，拓展绿、紫、橙等颜色	材料：矿泉水瓶子，颜料等 层次一：能摇一摇瓶子，发现水的颜色变化； 层次二：能将两个瓶子的盖子互换，观察水颜色的变化，并用语言说出来
阅读区	活动：故事表演《皮皮在哪儿》 指导要点：简单地复述故事，并在老师的帮助下表演故事，知道自己的角色和相应的对话	喜欢看书，有爱护图书的意识	材料：绘本《皮皮在哪儿》 层次一：愿意坐下来读绘本，尝试一页一页翻书； 层次二：有耐心一页一页翻阅绘本； 层次三：一边翻阅绘本一边重复绘本里的简单句子
扮演区	活动：小吃店 指导要点：知道小吃店的工作活动，会有礼貌地和客人打招呼	有玩角色游戏的经验，会礼貌用语	材料：创设小吃店的环境 层次一：能到小吃店玩游戏； 层次二：会把小吃店里的东西摆放在餐盘里； 层次三：会用一些礼貌的交际用语参与游戏

集体教学活动

第一周		第二周	
1.	有趣的格子王国（美术）	1.	会变的颜色（科学）
2.	彩虹在哪里？（科学）	2.	这是谁的家（语言游戏）
3.	皮皮在哪里（语言）	3.	颜色宝宝滑滑梯（美术）
4.	找颜色（综合）	4.	超市物品放整齐（数学）
5.	好玩的彩带（体育）	5.	小乌龟（音乐）
第三周			
1.	红色在说话（社会）		
2.	5以内点物匹配（数学）		
3.	口渴了喝什么（健康）		
4.	小胖鸭子捉迷藏（音乐游戏）		
5.	彩虹伞（体育）		

第一周　活动一　有趣的格子王国（美术）

活动目标

1. 初步欣赏蒙德里安作品《红黄蓝的构成》，感受直线与红黄蓝色块搭配的美。
2. 尝试用油画棒连直线，并在空格处用棉签进行水粉填色。
3. 体验在游戏情境中创作的快乐。

活动准备

物质准备：蒙德里安作品《红黄蓝的构成》及其他相关作品；方形空白底图；黑色油画棒；红黄蓝三色颜料；棉签。

经验准备：幼儿有用油画棒的经验；幼儿在美工区玩过用棉签进行水粉涂鸦的游戏。

活动过程

一、情境导入，激发幼儿兴趣。

1. 创设情境：去"格子王国"玩一玩。

教师：有一个有趣的王国，我们一起去玩一玩！

2. 教师出示大幅蒙德里安作品《红黄蓝的构成》，幼儿自由说一说看到了什么。

教师：你喜欢格子王国吗？为什么？

二、幼儿进一步欣赏大师作品，感受直线与色块的组合美。

1. 发现画面中的直直的"马路"与红黄蓝的"房子"。

教师引导幼儿指一指马路和房子分别在哪里？是什么样子的？幼儿说一说，并用小手画一画。

2. 欣赏蒙德里安相关作品的PPT，引导幼儿欣赏、感知线条和色块的变化。

教师：格子王国真有趣，又变样子啦！你们看到了什么？哪里变了？

三、探索连直线及在格子里涂色的方法。

1. 教师出示空白底图，激发幼儿探索绘画兴趣。

教师：红点点和好朋友住在街对面，他们想手拉手去格子王国玩一玩，谁来帮帮他们？（请个别幼儿连一连直线）

2. 在"为格子王国刷房子"的情境中示范在格子里涂色。

四、幼儿创作，教师巡回指导。

1. 教师介绍绘画材料，提出绘画要求。
2. 提醒幼儿画直线时用点劲，涂颜色时尽量涂在格子线内。

五、教师展示幼儿作品，让幼儿体验成功的快乐。

1. 引导幼儿找找自己的作品在哪里。

2. 鼓励幼儿说一说还喜欢谁的作品。

活动二　彩虹在哪里？（科学）

活动目标

1. 通过手电筒或阳光照射废旧CD的方法，观察各种颜色的光。

2. 能在教师的帮助下参与实验，并尝试进行记录。

3. 喜欢观察身边的科学现象，并能大胆地和成人交流自己的发现。

活动准备

物质准备：废旧CD人手一张；彩虹图片：晴天、户外；手电筒若干；实验顺序图；彩虹记录单；水彩笔或油画棒人手一盒。

经验准备：幼儿有关于彩虹的相关经验。

活动过程

一、导入活动，激发兴趣。

1. 幼儿观看动画片米奇妙妙屋《寻找彩虹》，对发现生活中的不同色彩感兴趣。

教师：米奇在哪里找到了红色？你还知道哪里有红色？橙色呢？黄色呢？绿色呢？蓝色呢？紫色呢？

你知道这么多的颜色都藏在哪里吗？（都藏在彩虹里呢！）

你见过彩虹吗？在哪儿见到彩虹的？

二、通过小实验，寻找CD上的彩虹颜色。

1. 教师出示彩虹图片，了解彩虹是由许多色彩组合而成的。

教师：这是什么？真正的彩虹哦！在哪里？彩虹有哪些颜色？

小结：彩虹有七种颜色，赤橙黄绿青蓝紫，我们叫它彩虹色。

教师：我们能在哪里找到彩虹色？

你知道还有什么东西上有彩虹色吗？

2. 幼儿熟悉材料，尝试用手电筒照射在CD上发现彩虹色。

（1）出示CD，师幼讨论。

教师：这是什么？CD上面有彩虹色吗？

（2）幼儿猜测并讨论。

教师：CD上究竟有没有彩虹色呢？让我们来试一试吧！

教师：我们需要哪些东西来帮忙？CD、手电筒或者太阳光。

3. 自由探究CD，大胆地说出自己的感受。

教师：CD是什么样的？用手摸一摸CD的正反面，有什么感觉？在CD上可以看见什么颜色？请仔细看一看，然后说一说。

教师：当我们用手电筒或太阳光照射CD表面时，会看到CD发出什么颜色的光？请你试一试。

幼儿操作，教师个别指导并讲解实验顺序：观察CD；用CD照出各种颜色的光；移动CD，寻找和彩虹一样的光。

小结：手电筒或者太阳光照射在CD上，我们可以看到彩虹色。如果把手电筒移动，彩虹会呈现不一样的大小。

三、带幼儿到户外，用CD将太阳光反射在墙上，照出各种颜色的光。

四、鼓励幼儿大胆地表达自己的发现。

活动三　皮皮在哪儿（语言）

活动目标

1. 了解皮皮变成各种颜色的原因，初步学习故事中重复性的语言句式。
2. 大胆猜测故事情节，感受图文结合的阅读方法。
3. 能在阅读中大胆表述自己的想法。

活动准备

物质准备：大书一本（制作成PPT）；空心的皮皮身体轮廓图一张。

经验准备：幼儿有和老师一起阅读绘本的经验。

活动过程

一、师幼共同观察大书封面，阅读封面的图文，猜测故事内容。

1. 教师：你在封面上看到些什么？
2. 鼓励幼儿大胆猜测。

教师：你们猜一猜，这本书讲的是一个什么样的故事呢？

二、教师出示大书第5页，引导幼儿观察画面，积极思考，大胆表述自己的想法。

1. 教师边引导幼儿观察边组织幼儿讨论。

教师：皮皮和妈妈在玩捉迷藏的游戏，你们看见皮皮了吗？

皮皮藏在哪儿了？他变成什么颜色了呢？为什么会变成灰色呢？

你觉得皮皮除了变成砖灰色，还会变成什么颜色呢？让我们一起来看看吧！

皮皮变成什么颜色了，为什么？

2. 小结：原来皮皮是一条变色龙，他会变出各种各样的颜色。

三、教师带领幼儿对整本书进行图文结合阅读，学习故事中重复性的语言句式。

1. 幼儿自由阅读绘本《皮皮在哪儿》。

教师：你最喜欢绘本中哪一页的内容？幼儿分享自己最喜欢的一页或故事情节。教师随幼儿提到的绘本页面在课件上呈现相应的页面。

2. 鼓励幼儿学说故事中重复性的语言句式。在幼儿分享的过程中，教师出示相应的图标，帮助幼儿梳理句式。

皮皮藏在绿色的树叶中间（变成绿色了）；

皮皮藏在咖啡色的树干上（变成咖啡色了）；

皮皮藏在砖灰色的石头上（变成灰色了）……

3. 师幼分配角色，结合绘本内容进行对话。

教师：皮皮，你要去哪儿？（幼儿回答）皮皮，你在哪儿呀？……

四、出示空心的皮皮身体轮廓图，借助周围环境的各种事物，拓展幼儿经验。

1. 幼儿回忆绘本内容，了解皮皮会变色的特点。

教师：皮皮为什么会变成这些颜色呢？

小结：这种有趣的小动物爬到哪里，就会变成和环境相近的颜色，这样，别的动物就找不到他，他就可以保护自己而不被别的动物吃掉啦。

2. 操作材料，在教室进行拓展实验。

教师：如果你是皮皮，在我们教室里玩捉迷藏，你会藏在哪里呢？鼓励幼儿运用重复句式进行表述。

带领幼儿在理解图书故事情节的基础上完整阅读图书。

延伸活动

利用户外环境再次丰富皮皮颜色的变化。

附故事：

皮皮在哪儿

有一天，妈妈带着皮皮出来玩。突然皮皮跑开了，妈妈问："皮皮，你要去哪儿？"皮皮说："妈妈，我要去玩一会儿。""皮皮，不要跑太远哦！"妈妈说。

天哪，皮皮到哪儿去了？亲爱的妈妈正在找他……

"皮皮，皮皮，你在哪里？"妈妈呼唤着，皮皮："我藏在绿色的树叶中间（变成绿色了）。"

"皮皮，你在哪里？"妈妈呼唤着，皮皮："我藏在咖啡色的树干上（变成咖啡色了）。"

"皮皮，你在哪里？"妈妈呼唤着，皮皮："我藏在砖灰色的石头上（变成灰色了）。"

"皮皮，你在哪里？"妈妈呼唤着，皮皮："我藏在紫色的花丛里（变成紫色了）。"

"皮皮，你在哪里？"妈妈呼唤着，皮皮："我藏在蓝色的小伞里（变成蓝色了）。"

"皮皮，你在哪里？"妈妈呼唤着，皮皮："我藏在粉黄色的地毯里（变成粉黄色了）。"

"皮皮，你在哪里？"妈妈呼唤着，皮皮："我藏在红色的苹果上（变成红色了）。"

活动四　找颜色（综合）

活动目标

1. 能在户外寻找各种物品的色彩，尝试简单地记录。
2. 知道记录可以有不同的方法，自己不会的时候可以寻求教师帮助。
3. 有克服困难的信心和勇气。

活动准备

物质准备：活动记录表，文件夹，水彩笔人手一份。

经验准备：幼儿认识红、黄、蓝三种颜色。

活动过程

一、活动导入，引起兴趣。

1. 教师带领幼儿来到户外，交代活动材料和要求。

教师：幼儿园是个美丽的地方，到处都是鲜艳的色彩，你有没有发现？你发现了什么颜色？在什么地方发现的？

小结：大型玩具的旋转滑梯是黄色的，上面的屋顶是绿色的，操场的地面有绿色也有红色。

二、介绍记录表，了解记录的方法。

1. 教师介绍记录表，幼儿了解记录表的使用方法。

教师：这是一张纸，上面画了一些格子，有些格子里没有图案，有些格子里有图案，这些图案表示什么呢？

2. 教师简单示范记录表的记录方法。

教师：怎样把我们的发现记录下来呢？（幼儿自由交流）

刚才你们发现，大型玩具的滑梯是黄色的。现在老师把它记录下来。

滑梯是什么颜色的？（黄色）那我就选择黄色的笔。

滑梯是什么样子的？（直直的，斜斜的）我们可以用黄色的笔画一条直直的斜线来表示。

画在什么地方呢？画在格子里，不能跑到外面去！

三、幼儿分散观察，尝试自主记录。

1. 教师交代活动要求，幼儿在指定区域内观察记录。

教师：请你拿好你的记录表和水彩笔，在能看见老师的地方，边观察边记录。

2. 幼儿自由活动，教师巡回指导。

教师帮助个别有困难的孩子，用画形状的方法记录自己的发现。

四、小结，交流彼此的发现。

教师：你愿意和大家分享一下你的记录吗？

把大家的记录表贴在作品栏，让爸爸妈妈来点赞吧！

活动五　好玩的彩带（体育）

活动目标

1. 练习听信号向指定方向跑，发展跑的能力和动作协调性。
2. 在"小鸟找家"的游戏中能对应颜色，快速找到奔跑方向。
3. 乐意与同伴一起参加游戏活动。

活动准备

物质准备：红、黄、蓝、绿彩带若干（与幼儿人数相同）；背景音乐和扩音设备；各种颜色标记。

经验准备：幼儿认识红、黄、蓝、绿等颜色。

活动过程

一、开始部分。

1. 幼儿跟着教师的口令沿着大圆圈有精神地走。
2. 听音乐，做大象走、小兔跳、小鸟飞、小鸡走等动作。

二、基本部分。

1. 教师出示彩带，引出活动。

教师：操场上有什么呢？请你拿一根打开看看，彩带有什么本领呢？

2. 幼儿自由探索彩带的玩法。

教师：彩带是什么样子的？我们可以怎样玩呢？

（请个别幼儿示范一下新创的玩法）

教师：好玩吗？请大家找一个空的地方，都来试一试。

（幼儿自由玩彩带，教师巡回观察，重点捕捉幼儿好的创意）

3. 小结彩带的玩法，互相学习。

教师：你是怎样玩彩带的？谁愿意和大家分享一下？

（教师请幼儿示范动作，其余幼儿适当模仿）

4. 幼儿再次游戏，教师巡回指导。

小结：彩带真好玩，可以举在头上飘，可以放在身后飘，还可以拖着跑。

5. 游戏：小鸟找家。

（1）教师示范小鸟飞的动作：这样像是什么在飞呀？我们一起来学做小鸟吧！

（2）教师带领幼儿"飞"到"红房子"前。

教师：这是哪些小鸟的家？

（3）引导幼儿辨认颜色标记。

教师：你们的家在哪里呢？

让"小鸟"回到相应颜色的"房子"里休息。

教师：小鸟出来做游戏了！

各种"小鸟"飞到场地中间，飞来飞去。

教师：天黑了，小鸟都要回家了！

"小鸟"赶快飞回家。

教师检查"小鸟"是否回到自己的家。

（4）游戏重复三次。

三、结束部分。

1. 教师小结：彩带很好玩，除了今天我们学到的之外，彩带还有许多好玩的玩法，我们可以在晨间锻炼的时候再玩，好吗？

2. 听音乐，师幼做放松腿部和手臂的动作，结束活动。

第二周　活动一　会变的颜色（科学）

活动目标

1. 通过实验知道两种颜色加到一起会变成别的颜色。
2. 仔细观察颜色的变化，并乐于用语言表达出来。
3. 体验颜色变化带来的喜悦。

活动准备

物质准备：装有小半瓶水的矿泉水瓶人手一个，在瓶盖里面分别涂有红黄蓝颜料；将红黄蓝颜色标记分别固定在塑料筐上；PPT；牛奶一瓶（装在透明的瓶子里）。

经验准备：幼儿知道颜料可以让水变颜色。

活动过程

一、导入游戏，激发幼儿兴趣。

1. 教师出示装有半瓶水的瓶子。

教师：这是什么呀？瓶子里有什么？瓶里的水有没有颜色？

小结：水是没有颜色的，是透明的。（如幼儿说是白色，可以拿牛奶出来比较，说明水不是白色的）

2. 教师通过操作，激发幼儿的探究兴趣。

教师：水宝宝是透明的。水宝宝要和我们玩变变变的游戏，我们一起念"水宝宝，水宝宝变变变"。（教师摇动瓶身，让水接触瓶盖里的颜料）

教师：哇，水宝宝怎样了？会变色呢！好玩吗？你们想玩吗？

二、探索操作材料，发现变色的现象。

教师：老师准备了好多瓶子，每个小朋友拿一个瓶子，我们一起学老师摇瓶子，要说"水宝宝水宝宝，变变变"哦！

1. 幼儿自行取一个瓶子，用力摇，使水变色。

教师：你们变出来了吗？变出什么颜色了？

2. 按颜色分类。

教师：水宝宝要休息了，请给它找个家。（根据筐子上的标记对应放）

三、在教师的提示下，发现水宝宝变色的秘密。

1. 幼儿尝试摇动瓶盖里面没有涂上颜料的瓶子，再换上瓶盖里涂有颜料的瓶子再次实验。

教师：水宝宝为什么能变颜色呢？

2. 教师：这个怎么都变不出来，那个却变得出？好奇怪哦！

小结：其实老师把一个秘密放在了瓶盖里。这个盖子里有什么？盖子里有颜料，水宝宝就可以变出颜色了。

四、交换瓶盖，感知两种颜色混在一起的变化。

1. 教师：老师手里有一瓶有颜色的水，现在我要请另一个颜色和它做好朋友，两种颜色加在一起会怎么样呢？你们想知道吗？我们一起来仔细观察。

2. 幼儿交换瓶盖，尝试将两种不同的颜色混合在一起，观察色彩的变化。

（1）教师引导幼儿观察瓶子里水的颜色，再取不同颜色的盖子换上。

（2）幼儿换好瓶盖后，摇晃瓶子。

教师：瓶子里的水有变化吗？变成什么颜色了？哇，颜色可真有趣，不同的颜色混在一起还会变成另一种新的颜色呢！

3. 观看 PPT 上颜色搭配后所变成的颜色，帮助幼儿巩固对颜色变化的认识。

五、结束活动，总结提升。

教师：颜料和水宝宝在一起，会让水宝宝变颜色。两种颜料混合后，会变成另外一种颜色。

活动二　这是谁的家（语言游戏）

活动目标

1. 学习按照"这是……"的句式说一句完整的话。
2. 能听懂简单的语言指令，学习按指令行事。
3. 体验帮助他人的快乐，学习常用的礼貌用语。

活动准备

物质准备：PPT《这是谁的家》。

经验准备：幼儿会玩"我要请你一起做"的游戏。

活动准备

一、游戏导入，激发幼儿兴趣。

教师：我们来玩"我要请你一起做"的游戏吧！

我要请你拍拍手。

我就跟你拍拍手。

二、创设情境，交代游戏玩法。

1. 通过故事导入创设情境。

教师：有一天，贝贝、牛牛、小宇一起和妈妈去超市。在超市里，他们走着走着，被许多玩具吸引住了，不知不觉离开了妈妈，他们看到有可爱的小狗汪汪、小猫咪咪，还有胖乎乎的小熊猫。看着看着，因为超市里人很多，他们突然找不到妈妈了。贝贝、牛牛、小宇都非常着急。小朋友，你们愿意做他们的好朋友，帮他们找到自己的家吗？

2. PPT 中展示三座不同颜色的房子。

教师：这是什么颜色的房子？

幼儿学习用"这是……颜色的房子"的句式回答问题，能够完整回答。

教师操作 PPT，请贝贝、牛牛、小宇住进不同颜色的房子。

教师：这是谁的家？

幼儿同样用"这是……的家"的句式回答，让幼儿学说短句。

（如：这是红颜色的房子，这是贝贝的家）

师幼模仿妈妈和贝贝的对话。

教师：谢谢小朋友。幼儿：不用谢（或不客气）。

3. 课件播放夜晚的情景。

教师：小朋友，天黑了，你们还能帮我找到家吗？

（引导幼儿将房屋标记与人物之间联系起来，并做出判断）

三、体验帮助他人的快乐，结束活动。

PPT 中出现贝贝、牛牛、小宇形象，对小朋友们表示感谢，感谢小朋友们帮助他们找到了家，表扬小朋友们都是热心帮助别人的好孩子！

教师：你们心里开心吗？怎么鼓励一下自己呢？

（教师可以建议孩子们为自己鼓掌，说：一、二、三，我真棒！）

活动三　颜色宝宝滑滑梯（美术）

活动目标

1. 在滴色流淌的过程中，感知各种颜色，体验色彩的融合产生的画面变化。

2. 能大胆滴颜料，并让颜料宝宝在纸上滑来滑去。

3. 愿意参加玩色活动，体验玩色的乐趣。

活动准备

物质准备：红、黄、蓝、绿、紫色等水粉颜料（瓶装），16开铅画纸，抹布，树叶印花（用压花器事先压好备用）等；电视机、视频展示仪。

经验准备：幼儿参与过玩色活动。

活动过程

一、儿歌导入，引出课题。

1. 师幼共同念儿歌：滑滑梯，滑滑梯，你先我后别着急，一个一个排好队，上去好像爬高山，"哧溜"一下滑下来。

教师：滑滑梯好玩吗？要从哪里滑到哪里？（从上往下，鼓励幼儿用动作表现滑滑梯的样子）

2. 教师：颜色宝宝也想来滑滑梯呢，瞧！这是什么颜色？（复习红、黄、蓝、绿、紫五种颜色）颜色宝宝怎么滑滑梯呢？（让幼儿自由猜测）

二、师幼共同讨论如何让颜色宝宝滑滑梯。

1. 滴色示范，引导幼儿观察颜色宝宝滑滑梯。

（1）教师边念儿歌边示范滴色，当儿歌念到"上去好像爬高山"时，瓶子点在纸中央。

教师：颜色宝宝站得高吗？（让幼儿了解颜色宝宝站得越高滑得越开心）

（2）教师示范将纸倾斜，让颜色流淌下去。

（3）师幼讨论：颜色宝宝站在哪？怎么滑的？（鼓励幼儿大胆表达）

2. 请幼儿尝试示范，鼓励幼儿大胆滴色。

教师请一位幼儿来滴色，重点指导如何将颜色滴洒在纸的中间，鼓励幼儿试着滴洒两种颜色，并请幼儿尝试让颜料滑来滑去。（如有颜色融合，则引导幼儿观察两种颜色混合后的变化）

三、幼儿尝试让颜色宝宝滑滑梯，教师鼓励幼儿大胆操作。

1. 滴色、流淌操作。

（1）提醒幼儿颜色宝宝喜欢站得高、滑得远。

（2）引导幼儿感知画面的变化并大胆用语言表述：颜色宝宝玩的滑滑梯像什么？

2. 添画操作。

（1）树叶印花。

教师：秋天到了，树叶宝宝看到颜色宝宝玩的滑滑梯这么有趣，他也要来做游戏了。你们看，他也是从上面慢慢落下来的呢！（引导幼儿在画面的"空白处"或"滑梯上"从上至下用树叶印花）

（2）请幼儿用树叶进行印花。

四、展示作品，分享快乐。

教师：今天你们做了什么？（带颜色宝宝玩滑滑梯）开心吗？看一看，你们的颜料宝宝滑出什么图案了？（让幼儿自由表达）

活动四　超市物品放整齐（数学）

活动名称

1. 能说出卡片上物品的名称及用途。
2. 初步学习将相同用途的物体归类。
3. 养成良好的数学操作习惯，在教师的指导下收拾操作材料。

活动准备

物质准备：

1. 超市游戏的场景。
2. 贴绒图片、水果、衣服等。
3. 学具。

第一组"按物品用途归类"：超市物品打乱，货架上有水果、面包、玩具的分类图标。

第二组"5以内数量点卡匹配"：数字1~5的点卡，实物卡，计算盒。

第三组"相关联物品匹配"：上衣和裤子，牙刷和牙膏，铅笔盒和铅笔等相关物品的卡片；操作板。

经验准备：幼儿玩过超市游戏，对各种物品的名称、用途有初步了解；幼儿有5以内数量点卡匹配和相关物体匹配的经验。

活动过程

一、活动导入，认识物品，知道其名称和用途。

1. 介绍超市里物品的名称和用途。

教师：小朋友们好！今天超市里来了很多货物，我们来看看，超市里面都有些什么？你们知道它们的名字吗？

教师：超市里有衣服、鞋子、裤子、苹果、香蕉，你们都知道它们有什么用吗？衣服、鞋子、裤子是用来做什么的呀？

2. 师幼共同小结：衣服、鞋子、裤子是用来穿的，我们每个人都要穿衣服、鞋子、裤子。

教师：苹果、橘子又是用来做什么的呢？

3. 师幼共同小结：苹果、橘子是用来吃的。

二、在教师的指导下，学习按用途将实物卡片分类。

1. 介绍活动操作材料。

教师：筐里放了一些物品的图片，这些物品有的是用来吃的，还有的是用来穿的。你们想一想，哪些物品可以放在一起？为什么？在摆放图片的时候请你边说边放，当你放苹果、橘子的时候你要说"苹果是吃的，橘子是吃的"。放衣服的时候就要说"衣服是穿的、鞋子是穿的、裤子是穿的"。

2. 邀请幼儿示范操作，并和大家一同检查。

教师：他放得对吗？从哪里可以看出他是对的？

3. 引导幼儿边操作边说：衣服、鞋子、裤子是用来穿的，所以我们可以把它们放在一起。苹果、橘子是用来吃的，所以我们就把它们放在一起。

小结：衣服、鞋子、裤子是用来穿的，所以我们可以把它们放在一起，苹果、橘子是用来吃的，所以我们就把苹果、橘子放在一起。我们是按照物品的用途来分类的。

三、介绍小组活动材料，幼儿操作。

第一组：按物品用途归类。

教师：超市好乱啊，请你们来帮帮忙，按照分类标记把货架上的物品理整齐吧。

第二组：5以内数量点卡匹配。

教师：先把数字卡片放在计算盒上，再把和点卡数量一样多的实物卡片放在相应的空格里。

第三组：相关联物品匹配。

教师：在分类板上，将有关系的物品放在一起。

四、小结活动，整理材料。

教师：我们在玩游戏的时候，也要学习按照物品的用途来分类，这样我们的教室才会更整洁。

活动五　小乌龟（音乐）

活动目标

1. 能用饱满的情绪和有力的声音学唱歌曲。
2. 尝试替换食物部分的歌词并进行演唱。
3. 体验歌唱活动带来的快乐。

活动准备

物质准备：进场音乐，山坡图片、小乌龟图片各一张。

经验准备：幼儿会乌龟爬的动作。

活动过程

一、听音乐做小司机"开汽车"进场。

1. 教师放音乐，带领幼儿"开汽车"。

教师：小朋友们，我们开着小汽车出去玩一会儿吧！

2. 教师：我们到山坡下了，这儿多漂亮啊，让我们一起休息一下吧！

二、出示小乌龟的图片，复习律动《拍手点头》。

1. 教师出示乌龟的图片，引导幼儿和乌龟打招呼。

教师：小朋友们，这是谁呀？我们拍拍手，和小乌龟打招呼吧！

2. 复习律动《拍手点头》。

三、熟悉歌曲的旋律和内容。

1. 故事导入，教师范唱歌曲。

教师：小乌龟住在山坡的下面，小乌龟的奶奶住在山坡的上面。今天，小乌龟要去看他的奶奶。（教师边讲述边演示小乌龟爬山坡的样子）

教师：小乌龟是怎么去的呢？

2. 理解歌曲的内容，学习歌词。

教师：他是怎样爬山坡的？（学动作）小乌龟爬山坡时感觉怎么样？（学唱"嗨嗨哟"）

小乌龟给奶奶带了些什么好吃的东西？（学动作）

四、学唱新歌。

1. 完整学唱歌曲。

教师：我们把小乌龟去看奶奶的事情一起来唱一唱吧！

教师：这首好听的歌曲叫《小乌龟》。

2. 边做小乌龟爬山坡的动作，边唱歌曲。

教师：让我们来学学小乌龟吧！

3. 有表情地边唱边做动作。

教师：小乌龟爬山坡很用力、不怕苦、不怕累，很快就到了奶奶家，我们也用力地来唱一唱，好吗？

五、根据幼儿的回答，替换歌曲中的食物名称，并进行演唱。

教师：小朋友们，小乌龟这次去看奶奶带了面包和糖果，下次会带什么呢？

六、结束语。

教师：小乌龟对奶奶真好，带了这么多好吃的东西给奶奶，我们也去准备一些好吃的东西给奶奶送去吧！

附：小乌龟

$1=E$ $\frac{2}{4}$

3 32 1 2	3 4 5	4 43 2	3 32 1
小 小 乌 龟	爬 山 坡，	嗨 嗨 哟，	嗨 嗨 哟，

3 32 1 2	3 4 5	4 3 2 3	1 — :‖
带 着 面 包	和 糖 果，	嗨 嗨 嗨 嗨	哟。

第三周　活动一　红色在说话（社会）

活动目标

1. 了解红色在生活中的作用，有遵守社会规则的意识。
2. 初步知道红绿灯、红灯笼、红旗等物体的象征意义。
3. 关心自己周围的社会生活。

活动准备

物质准备：在教室里布置一些红色的物品，如灯笼、鞭炮、红花、苹果等；红色食物（苹果、草莓、番茄）、红绿灯、放鞭炮的小孩子等的图片；幼儿人手一张红色小图片（事先藏在椅子下面）。

经验准备：幼儿认识红绿灯。

活动过程

一、导入活动，在教室里找红颜色。

教师：教室里有一些小变化，你发现了什么？这些东西都是什么颜色的呢？

二、引导幼儿寻找自己身上的红颜色。

教师：除了这些东西是红色的，还有哪些东西也是红色的呢？看看我们身上有没有。

三、初步感知生活中一些红色事物所代表的意义。

1. 出示图片（苹果、草莓、番茄）：他们是谁呀？

教师：听，苹果、草莓、番茄在说话。

教师：苹果、草莓、番茄他们在说什么呀？"我们已经成熟了，可以吃了，快来采摘吧！"

小结：原来有些水果红了，就表示可以吃了！

2. 出示红绿灯图片：这是什么呢？

教师：你在哪里看见过呀？（马路上）听，红灯也在说话呢，注意一点，要小心，现在是红灯了，不能过马路了。

教师：你听见红灯在说什么话吗？

小结：红灯亮了不能行，要注意安全。

3. 出示放鞭炮的小孩子图片。

教师：图片里的小朋友穿着什么颜色的衣服？（红色）听，小朋友也在和我们说话呢，过新年了，穿着红衣服，还要放红鞭炮，心里真高兴。

4. 小结：原来红色是快乐的颜色、喜庆的颜色，大家看到红色都会很高兴。

四、结束活动，总结。

教师：今天我们认识了红色，在生活中，红色可有用了。瞧，苹果、草莓、番茄红了，说明他们已经成熟了，可以吃了，快来采摘吧！红灯在说：注意一点，要小心，现在是红灯了，不能过马路了。小朋友在说：过新年了，穿着红衣服，还要放红鞭炮，心里真高兴。我们小朋友玩得开心快乐的时候，小脸也会变得红红的。

活动延伸

可以邀请家长在有空的时候，帮助幼儿丰富关于红色的象征意义。从红色开始拓展，初步了解其他颜色具有的象征意义。

活动二　5以内点物匹配（数学）

活动目标

1. 进一步感知5以内的实物数量和数字。
2. 能手口一致点数5以内的数量，并将数字与实物匹配。
3. 积极愉快地参与数物拼板游戏活动。

活动准备

物质准备：

1. PPT "5以内点物匹配"。
2. 学具。

第一组"数物拼板游戏"：1—5数物拼板玩具。

第二组"根据实物添画点子"：添画点子作业单人手一份，点子印章和印泥若干。

第三组"印数字"：印数字作业单人手一份，数字印章和印泥若干。

经验准备：幼儿会手口一致地点数。

活动过程

一、集体活动。

1. 教师播放PPT，出示1—5的实物卡片，引导幼儿手口一致地点数，并按数量分类。

教师：这是什么？它们有多少个？引导幼儿分别说出实物的数量。

教师：谁愿意帮助老师把相同数量的卡片放在一起。

教师请个别幼儿操作，其余幼儿用手口一致地点数的方法与教师共同验证操作的正确性。

2. 介绍游戏玩法，按数匹配实物。

教师出示1—5的数卡，启发幼儿将数卡与相同数量的实物卡相匹配。

教师：这里有什么？是什么数字？请你把相同数量的数卡和实物卡放在一起。

3. 请个别幼儿上来操作，要求幼儿边操作边用语言讲述：几个××，我送数字几做你的朋友。

二、幼儿分组操作活动。

第一组：数物拼板游戏。

教师：图上有什么？有多少？哪个数字和这个卡片中的实物数量一样多？我们可以把它们放在一起。

幼儿根据实物卡找到相应的数字，拼成完整的卡片。

第二组：根据实物添画点子。

教师：看，这是数字几？应该画几个点子呢？现在有几个？够不够？不够怎么办？

引导幼儿看数字添画相应的圆点和实物。

第三组：印数字。

教师：我们一起来数数，小动物有几只？要用几来表示呢？请你用数字印章印上相应的数字。

观察实物数量，引导幼儿在方框中印数字。

三、总结活动，关注幼儿整理数学操作材料时的习惯培养。

幼儿间相互观摩，交流自己的成果，体验成功的快乐；教师进行简单的评比，对收拾操作材料快且整齐的幼儿进行表扬。

活动三 口渴了喝什么（健康）

活动目标

1. 知道白开水是最好的饮料，愿意在口渴时主动饮水。
2. 能区分白开水与其他饮料，初步知道多喝某些饮料会对身体有不好的影响。
3. 在游戏情境中，进一步培养良好的饮水意识。

活动准备

物质准备：收集各种饮料盒、饮料瓶若干；布置"超市"的游戏情境。

经验准备：幼儿有去超市购物的经验；认识各种饮品的包装。邀请2名大班幼儿排练情境表演。

活动过程

一、师幼共同讨论，对饮料外包装进行分类。

1. 师幼讨论，幼儿自由表达自己的想法。

教师：前几天我们收集了一些饮料的包装瓶罐。我们一起来布置超市，你们打算怎么布置呢？

幼儿试着摆一摆。

2. 对饮料进行分类。

教师：我们把这些饮料分分类，把一样的放在一起，这样可以方便顾客购买。

二、集体玩游戏"逛超市"。

1. 教师带着幼儿"逛超市"。

教师："超市"布置好了，我们去逛一逛"超市"吧，看看超市里有什么。

2. 教师提出问题，幼儿尝试解决。

教师：逛了半天，你们口渴吗？你们可以在"超市"里选一样自己最喜欢的饮品。（幼儿自由选择）

3. 幼儿介绍自己购买的饮品。

教师：你买的是什么？为什么要买它呢？

三、师幼讨论口渴时喝什么最解渴。

1. 幼儿结合已有经验，表达自己的想法。

教师：感到口渴的时候喝什么最好呢？

2. 幼儿观看大班幼儿的情境表演。

两位大班幼儿锻炼完毕后来到"超市"，一名幼儿拿起一瓶果汁喝，喝完后说："怎么喝了果汁还是渴？"另一名幼儿打开自己带的小水壶，喝白开水，并说："白开水喝到嘴巴里很清爽，真解渴呀！"

3. 请保健教师介绍并总结。

保健老师：白开水喝到嘴里很清爽，能够防止蛀牙，对身体有益。果汁、可乐等饮料都太甜，喝多了容易生蛀牙，对身体不好。

四、小结。

教师请感到口渴的幼儿喝杯白开水，互相交流喝完水的感受。

活动四　小胖鸭子捉迷藏（音乐游戏）

活动目标

1. 能跟随音乐合拍地创编小胖鸭子在水里嬉戏的动作，如游泳、捉鱼、潜水等。
2. 学习音乐游戏"小胖鸭子捉迷藏"，遵守游戏规则。
3. 乐意参与角色表演，体验共同游戏的快乐。

活动准备

物质准备：鸭妈妈胸卡，小胖鸭子胸卡（分小白鸭、小黄鸭和小花鸭）。

经验准备：日常生活中观察过小鸭子，并会用身体动作表现它们游水、走路的样子；学习过歌曲的第一段。

活动过程

一、复习并表演第一段歌曲，激发幼儿兴趣。

1. 引导幼儿用身体动作来表现鸭子的造型。

教师：上次老师和大家学了一首好听的歌曲，是什么呢？（《小胖鸭子捉迷藏》）小胖鸭子是什么样的呀，谁来做给老师看？

2. 幼儿复习并表演歌曲的第一段。

二、创设情境，跟着音乐做小鸭子在水里嬉戏的动作。

1. 教师示范跳的动作，调动幼儿的积极性，帮助其融入游戏情境。

教师：小鸭子们，跟着妈妈到池塘里玩吧！（转身来到后面的池塘边）来，和妈妈一起跳下水，怎么跳的呀？

2. 请幼儿跟着音乐，观看同伴和教师的示范，一起学习小胖鸭子的动作。

教师：我们在池塘里做什么呢？哪个小朋友来试一下呢？

3. 听音乐，教师带领幼儿做鸭子走、跳水、游泳、找食、潜水、和其他小鸭子一起玩等的动作。

教师：来，小鸭子们，和妈妈一起动起来。我们先来游泳吧，划呀划呀，划到前面，换个方向，划呀划呀，划到这边。池塘里的水可真清呀，我们一起潜水吧，来，身体钻到水里，再浮上来。池塘里有小鱼呢，我们来捉小鱼吃，先钻到水里，用嘴巴夹住小鱼，叼紧了，头抬起来给妈妈看看呢，真棒！

三、玩捉迷藏游戏，了解游戏规则。

1. 集体练习动作：头钻到水里，尾巴翘起。

教师：大家会玩捉迷藏游戏吗？妈妈来找你们的时候，你们怎样把自己藏起来？

2. 讨论游戏玩法，建立游戏规则。

教师：谁愿意和妈妈一起玩游戏？一定要等妈妈游到身边的时候再藏起来。

3. 幼儿分三组进行游戏。

教师：先请小白鸭来和妈妈做游戏，其他小朋友可要仔细看。

教师讲评幼儿游戏情况，鼓励幼儿遵守游戏规则，接着请第二组幼儿游戏，最后请第三组幼儿游戏。

4. 完整游戏，熟悉歌词，进一步发展游戏情节。

教师：小鸭子们，跟妈妈回家吧。（引导幼儿倾听鸭妈妈呼唤的音乐）

教师：小鸭子的家在哪里？（回到一开始唱歌时的位置）

幼儿游戏一次，要求听见妈妈唱完最后一句才能走回家。

5. 教师带领幼儿完整地做游戏，提示幼儿遵守游戏规则。

四、结束活动，鸭妈妈和小鸭回家休息。

教师：宝宝们，回家吃小鱼喽！

附：小胖鸭子捉迷藏

$1=D \dfrac{2}{4}$

| 1 2 3 4 | 5 5 | 6 6 6 6 | 5 — |

许 多 小 胖　鸭　子，　河 里 捉 迷　藏。
鸭 子 妈 妈　高　声　叫，　呷 呷 呷 呷　呷。

| 4 4 4 5 | 3 3 | 2 2 5 5 | 1 — ‖

头 儿 钻 到　水　里，　尾 巴 在 水　上。
我 可 爱 的　宝　宝，　跟 我 回 家　吧。

活动五 彩虹伞（体育）

活动目标

1. 练习下蹲、起立的动作，增强腿部力量。
2. 在活动中听指令行动，发展动作协调性。
3. 乐于参与体育活动，体验活动乐趣。

活动准备

物质准备：安全的活动场地，彩虹伞一把，欢快的音乐。

经验准备：幼儿会高人走、矮人走。

活动过程

一、开始部分：热身操。

1. 激发幼儿兴趣。

教师：小朋友们，咱们一起活动活动吧！

随音乐走圈，边说儿歌边做操。

教师：太阳眯眯笑，我们来做操，伸伸臂，伸伸臂，弯弯腰，弯弯腰，踢踢腿，踢踢腿，跳一跳，跳一跳，宝宝锻炼身体好。

二、基本部分。

1. 引导幼儿用自己的方式模仿高人和矮人，站在原地根据教师口令变换动作。

教师：我们现在来玩一个小游戏，听到老师说"变高人"，请大家想办法让自己变高；听到老师说"变矮人"时，要想办法让自己尽量变矮。我们先来试一试。

2. 幼儿四散活动，听教师口令由慢到快做相应的动作。

教师：请大家在圆圈内随便走走，听老师的口令做出动作。老师要加快速度了，请大家尽量跟上。

3. 教师出示彩虹伞，指导幼儿按颜色站在伞的边缘以及采用正确的抓握方式。

教师：这叫彩虹伞，我们一起来看看上面有哪些颜色。请大家选择一个自己喜欢的颜色站在彩虹伞的边缘，两只手抓在伞面的边缘处。

4. 游戏：盖房子。

教师：我们来玩一个盖房子的游戏。房子需要有一个屋顶，我们怎样用彩虹伞变出一个屋顶呢？怎样用彩虹伞变出地毯呢？我们一起来试一试向上掀起毯子，再来试试同时放下来。大家的动作要尽量保持一致哦!

（教师和幼儿一起站直身体，双手将彩虹伞举过头顶搭一个高高的房顶。听口令，身体下蹲，双手握住彩虹伞的边缘贴在地面变成漂亮的地毯）

5. 游戏：做蛋糕。

教师：大家盖的房子真漂亮。干完活肚子饿了，我们来做彩虹蛋糕吧!

（双手抓紧，举高高，放低低，双脚踩住彩虹伞边缘形成"蛋糕"）

三、结束部分，放松活动。

教师：今天胳膊和腿辛苦啦，我们一起帮它们放松一下。有哪些勤劳的小朋友愿意帮老师收大桌布？（卷起彩虹伞抬走）

活动延伸

户外活动时，教师可以带着幼儿玩一玩彩虹伞的游戏。

主题活动三

我的手指兄弟

主题活动三
我的手指兄弟

主题意图

每个人都有一双手,大人的手大,宝宝的手小,手指有的长,有的短……小班的孩子们对自己的小手充满了好奇,他们渴望用小手去探索,发现手的形状、手指的名称、手的功能等信息。而现在的孩子大多是独生子女,本应该自己动手的事情常常被父母长辈包办,以至都不善于动手,针对这些情况,我们准备开展"我的手指兄弟"的主题。

在主题活动中,我们通过开展各种游戏,一方面让幼儿发现小手的秘密,试着说出每个手指的名字,亲历各种小手参与的活动,了解怎么保护我们的小手,与小手做朋友。另一方面知道自己的小手本领很大,可以做很多的事情,并在日常生活中学会用小手做一些力所能及的事情,提高生活自理能力。通过自己的小手,与老师和同伴一起认识周围世界里很多有趣的东西,玩很多有趣的游戏!

主题目标

健康:
1. 认识自己的小手,尝试用手参与丰富多彩的活动,增进对小手外形、功能的体验了解。
2. 了解小手可以做很多事情,愿意参加简单的自我服务。
3. 了解保护小手的一些基本方法。
4. 掌握使用勺子的正确方法,愿意自己用勺子吃饭。
5. 学习滚接皮球的方法,体验与同伴共同游戏的快乐。

语言:
1. 初步运用常见的交往语言和礼貌用语与人交谈,喜欢与同伴交流。
2. 喜欢边念儿歌边做动作,进一步加深对小手的认识。

科学：
1. 尝试把物体从起点开始一个接一个排序，感受有序性。
2. 能够一边操作一边讲述游戏方法，游戏结束后愿意将自己的游戏材料放好。
3. 愿意用小手触摸的方法感知物体，初步感知物体的不同特征。
4. 喜欢玩手影游戏，尝试用简单的词语或简单的句子表达发现。

艺术：
1. 能够跟着音乐节奏一步一步走，并拉成一个圆圈。
2. 学唱与小手有关的歌曲，尝试唱有休止符的歌曲，愿意边唱边表演。
3. 能用油画棒在轮廓内朝一个方向来回涂色，保持画面干净。

社会：
1. 了解手可以做很多事，尝试自己动手做力所能及的事情。
2. 愿意与他人交往，能与同伴共同活动、共享玩具，积极参与集体生活。

主题网络图

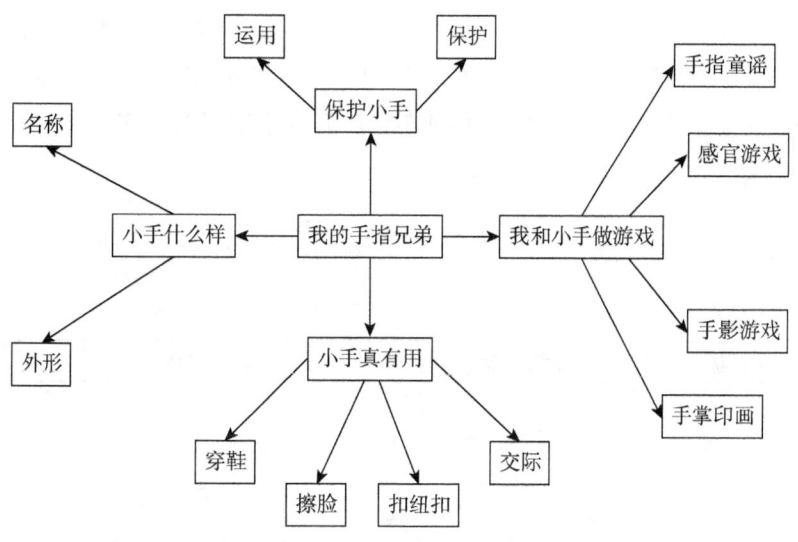

环境创设

1. 在健康特色区布置大手手偶，手偶上面画出每个手指对应的名称和家庭成员，并将穿衣服、扣纽扣的步骤图张贴在大手上。

2. 为幼儿创设运用小手的环境，以自我服务与手指游戏为主线，为班级里的各区域提供相关材料（如健康区的扣纽扣、叠毛巾；美工区的手掌印画等），给幼儿提供小手活动、学习的空间。

3. 以手指童谣和手指游戏贯穿日常生活环节，并用幼儿在集体活动中的美术作品布置室内环境。

4. 主题墙上张贴幼儿小手真能干的照片以及关于手的作用的图片和照片以及手的创意作品等。

三方互动

教师——为幼儿创设运用小手的环境，提供多种可操作的材料，鼓励幼儿主动运用小手；在各种游戏中观察和了解每一名幼儿手指动作发展现状，帮助幼儿提升各种生活所需的基本技能；通过各种活动激发幼儿对小手的喜欢，学会保护小手，关爱自己的身体。

幼儿——愿意主动动手做事，萌发自我服务意识；喜欢参与游戏，喜爱自己的小手；主动积极地投入各项探索活动，发现小手的功能，在活动中积极与同伴和教师互动。

家长——与教师一同鼓励幼儿主动动手，帮助幼儿学习基本的自我服务方法（穿鞋、扣纽扣等），提高自我服务的能力；在家中与幼儿玩一些关于手指的亲子游戏，丰富幼儿对小手的认识，增进亲子关系；帮助幼儿养成良好的洗手、护手的行为习惯和意识。

特色活动

	活动	活动准备	指导要点	参与幼儿
健康大活动	听话的小勺	人手一把小勺子、喂娃娃瓶若干	1. 学习正确使用勺子。能手眼协调地给娃娃喂食物 2. 愿意自己用勺子吃饭	本年级幼儿
安全教育活动	小手受伤了	图片若干	1. 知道手被划破后简单的处理和保护方法 2. 知道爱护小手，不玩尖利的东西	各班级幼儿
户外活动	我爱攀登	攀登网	1. 培养幼儿勇于挑战，敢于登上攀登网，不怕困难的精神 2. 指导幼儿找到手握脚踩的具体位置攀爬	各班级幼儿

续表

	活动	活动准备	指导要点	参与幼儿
户外活动	我爱玩沙	挖沙铲子、小桶、各种玩沙工具	学习运用各种玩沙工具，手眼协调地挖沙坑	各班级幼儿
语言活动	手和手指头	绘本《手和手指头》或PPT	1．根据图片理解画面内容，知道手和手指头的特点和作用 2．会翻页，爱护图书	各班级幼儿
	藏在哪里了	绘本《藏在哪里了》或PPT	1．仔细观察画面，体验发现的乐趣 2．感受与同伴分享阅读的快乐	各班级幼儿
音乐活动	小手爬	无	1．感受小手在身体上爬上爬下的乐趣 2．能随音乐旋律的上行与下行，合拍地做由下而上、由上而下的动作	各班级幼儿
	毛毛虫	毛毛虫图片	1．学习用简单的身体动作表现歌曲的内容和情感，熟悉身体各部位 2．愿意参加韵律活动，在随乐活动中体验音乐的美好与快乐	各班级幼儿

区域活动

	活动与指导要点	幼儿发展目标	材料与层次
建构区	活动：小城墙 指导要点：学习垒高和铺平的技能，喜欢搭积木	喜欢玩搭积木游戏，体验成功感	材料：建构材料，辅助材料 层次一：喜欢搭积木，愿意参加游戏； 层次二：尝试使用一些建构技能进行游戏
生活区	活动：扣纽扣 指导要点：练习运用双手拇指、食指扣纽扣，锻炼手指的协调性及灵活性	练习扣纽扣，提高手指的协调性及灵活性	材料：有不同造型和大小的纽扣的衣服若干 层次一：扣或解开大的纽扣； 层次二：尝试扣并解开不同纽扣
	活动：可爱的毛毛虫 指导要点：学习夹住纸板毛毛虫，锻炼手指力度	发展手部小肌肉的活动能力	材料：衣夹若干，压膜毛毛虫图 层次一：能双手协调夹夹子依次为毛毛虫做小脚； 层次二：能右手夹夹子，左手握好毛毛虫身体； 层次三：能将夹子夹牢，端正不会松动

主题活动三　我的手指兄弟 ｜ 067

续表

	活动与指导要点	幼儿发展目标	材料与层次
美工区	活动：手掌印画 指导要点：选择多种颜色，尝试用小手摆出不同的姿势进行印画、添画	能选择自己喜欢的颜色印画	材料：各色颜料、画纸、抹布、画笔等 层次一：幼儿自由用小手摆出各种姿势印画； 层次二：给手掌拓印画涂色、简单添画； 层次三：能在活动结束后有序收拾游戏材料、洗手
	活动：郁金香 指导要点：正方形角对角对折，压出折痕	用对角折的方法表现郁金香的基本特征	材料：郁金香图片、正方形打印纸（白、黄、紫、红色）、水彩笔 层次一：感受并欣赏郁金香的美； 层次二：学习看折纸图进行折纸； 层次三：掌握对角折的技能，并能边对边、角对角压平
	活动：红红黄黄的树叶（手指点画） 指导要点：学习用手指点画出各种颜色的树叶，注意画面的疏密	能用手指进行点画，尝试不同的绘画方法	材料：颜料（红、黄、绿、橙色）、底图、剪好的树干供幼儿贴在底图上 层次一：喜欢参与手指点画，愿意选择自己喜欢的颜色进行点画； 层次二：能用手指点画出红红黄黄的树叶
益智区	活动：摸摸是什么 指导要点： 1．通过摸一摸、猜一猜，感知物品的软硬、冷热、光滑粗糙 2．鼓励幼儿用语言清楚地说出来	多感官参与、感知物体的软硬、冷热、光滑粗糙等特征	材料：海绵玩具、玻璃球、布娃娃、板刷等物品，百宝箱 层次一：能感知物体的不同特征，如冷和热、软和硬、光滑和粗糙； 层次二：愿意用小手触摸的方法感知物体并尝试说出来； 层次三：能通过触摸猜测箱子中的物体
	活动：喂娃娃吃饭 指导要点：学习正确使用勺子，能手眼协调地给娃娃喂食物	能手眼协调地给娃娃喂饭	材料：大小不同的勺子，嘴巴大小不同的娃娃，图形片，不同形状、颜色、大小的特征标记 层次一：能用勺子给娃娃喂饭； 层次二：能按标记给娃娃喂饭，并对食物进行分类； 层次三：能在完成任务后，将游戏材料按要求收拾好

续表

	活动与指导要点	幼儿发展目标	材料与层次
益智区	活动：套指环 指导要点：按点子数量匹配指环	按点子的数目匹配相应的指环	材料：手指底板上贴有5以内数量的点子、指环若干 层次一：知道手指底板上的点子所代表的含义； 层次二：能够主动按照手指底板上的点子匹配指环； 层次三：能够正确地匹配
	活动：拼拼乐 指导要点：在画有轮廓的底板上，通过旋转、翻转图形片，正确拼出轮廓上的图形	知道不同的图形可以组合成一个新的图形	材料：各种形状的图形片、画有轮廓的底板 层次一：发现各种形状的图形片可以旋转、翻转为不同的图形； 层次二：在教师的指导下，尝试将图形片旋转、翻转进行拼图； 层次三：能够主动通过探索、尝试，旋转、翻转图形片，正确拼出轮廓上的图形
探究区	活动：有趣的手影 指导要点：在光线暗的角落提供各种电筒和手型变换图片，引导幼儿发现光影的关系，以及尝试看图片变化手型	能尝试变换不同的手型，感知光影变化并感到好奇	材料：手电筒若干，手影图片，挖孔纸箱 层次一：喜欢玩影子游戏，体验操作的乐趣； 层次二：发现手电筒光线的远近对影子大小的影响； 层次三：看手影图片尝试摆出不同的手型
阅读区	活动：大家都醒了 指导要点：愿意大胆念儿歌，喜欢玩手指游戏 儿歌： 老大睡了，老二睡了，大个子睡了，你睡了，我睡了，大家都睡了。 小不点醒了，老四醒了，大个子醒了，你醒了，我醒了，大家都醒了。	能跟随儿歌做手指游戏	材料：五指手偶或在幼儿手指上画出相应形象 层次一：能跟随儿歌做手指动作； 层次二：能边念儿歌边做手指游戏

续表

	活动与指导要点	幼儿发展目标	材料与层次
阅读区	活动：看我最大方 指导要点： 1．学习儿歌和绕口令 2．愿意在集体面前进行表演	尝试在集体面前大声说话、表演	材料：绕口令《数数歌》、儿歌《手指歌》等幼儿在主题活动中学习过的儿歌录音 层次一：能跟随录音表演绕口令和歌曲； 层次二：能大方地伴随肢体动作进行表演； 层次三：能熟练、自然地伴随肢体动作进行表演
扮演区	活动：点心店 指导要点：用油泥做各种形状的糕点	发展手部精细动作，如揉、搓、捏	材料：各种点心的图片，彩色的油泥或纸黏土，各种不同形状的模具、小盘子 层次一：愿意用油泥做点心； 层次二：能使用各种模具做点心； 层次三：较熟练地使用模具做点心，并做简单装饰

集体教学活动

第一周		第二周	
1．	手指兄弟（健康）	1．	我有小手（音乐）
2．	手指歌（语言）	2．	小手真能干（健康）
3．	手指歌（音乐）	3．	5以内按数取物（数学）
4．	会说话的手势（社会）	4．	可爱的毛毛虫（美术）
5．	小手摸一摸（科学）	5．	绕口令《数数歌》（语言）
第三周			
1．	熊猫滚球（体育）		
2．	拉拉手（音乐）		
3．	小鸡（美术）		
4．	小超市（数学）		
5．	手足口（健康）		

第一周 活动一 手指兄弟（健康）

活动目标

1. 初步了解五个手指的名称，并知道手心和手背。
2. 通过游戏、手偶表演等认识手指，学习保护手的方法。
3. 积极参与手偶游戏活动，体验游戏的快乐。

活动准备

物质准备：大手手偶一个；小手套；保护手的物品，如护手霜、肥皂、创可贴；大手破了、脏了、冷了、干了时的图片。

经验准备：幼儿对手有一定的认识。

活动过程

一、教师以"大手"做游戏，引导幼儿认识手。

1. 教师：我是一只大手，我们一起伸出手。摇摇你的手，转转你的手。弯弯你的手指，大家游戏真高兴。

2. 教师：请把你的小手举起来，我们每人有几只手？你的小手是怎样的？

3. 教师小结：我们都有两只小手，共有十个手指头。我们的手指不仅不一样长，而且不一样粗。手指上还有指甲。手分为手心和手背。

二、手指表演，引导幼儿认识手指的名称。

1. 认识五个手指的名称。

教师：我们的手指兄弟长得不一样，名字也不一样。我长得又粗又矮，我叫大拇指；我站在大拇指的旁边，我叫食指；我的个子最高，我叫中指；我长得又矮又瘦，我叫小指；剩下的我没有名字，就叫无名指。

幼儿欣赏歌曲《手指歌》，进一步认识五个手指的名称。

三、通过游戏，了解保护小手的方法。

1. 游戏：大手商店

介绍"大手商店"，幼儿了解"大手商店"的商品。

教师：小朋友们，我是你们的大手朋友，我开了一家商店，请你们看看商店里都有哪些东西。

幼儿玩游戏"大手商店"，每人挑选并购买一件商品。

教师：小朋友可以买一样东西，买的时候要说"我想买××，谢谢"。

幼儿介绍自己购买的物品和它的用处。

教师：你买的是什么？我们在什么时候用它呢？

2．游戏：大手找朋友

玩法：分别出示大手破了、脏了、冷了、干了时的图片，让小朋友们用买来的物品帮助大手。

教师（出示大手破了的图）：小朋友们，你们看，我怎么了？我的手破了，你们谁能来帮帮我？

3．幼儿和"大手"朋友一同学习擦护手霜的方法

教师：谢谢小朋友，秋天到了，你们的小手有时候也会变得干干的，你们要记得用护手霜保护小手哦。

"大手"带领幼儿边念儿歌边学擦护手霜。

活动建议

此活动可考虑分成两课时，幼儿先认识手的各部分名称，再了解保护手的方法。

活动二　手指歌（语言）

活动目标

1．学念儿歌，能边念儿歌边玩手指游戏，并能正确发出"手、叮、哥、嘭"的读音。

2．能通过图片匹配、倾听等方式记忆儿歌内容。

3．喜欢与教师和同伴一起游戏。

活动准备

物质准备：爸爸、妈妈、姐姐、哥哥、宝宝的手偶，汽车、衣服、钢琴、皮球、小鼓的图标。

经验准备：幼儿知道五个手指的名称。

活动过程

一、教师出示指偶，激发幼儿的兴趣。

1．教师出示爸爸、哥哥、姐姐、哥哥、宝宝的手偶向幼儿问好，激发兴趣。

教师：小朋友们大家好，我们是你们的手指朋友，我们还是个相亲相爱的大家庭呢，一起来认识我们吧！

2. 游戏：猜猜这是谁？

游戏玩法：逐一出示手偶，幼儿猜测这是谁？再由幼儿说出称呼，教师出示相应的手偶。（如：幼儿说妈妈，妈妈手偶出现）

二、幼儿倾听儿歌，初步了解儿歌内容。

1. 教师边朗读儿歌，边出示手偶。

教师：你听到家庭成员们都在做什么事呢？（出示相应的图标）

2. 师幼讨论。

教师：家庭成员都在哪个手指上呢？（认识手指名称）

3. 幼儿尝试将家庭成员和他做的事情进行匹配。

4. 教师：他们都在做哪些事情？发出了什么样的声音呢？

三、幼儿边做动作，边念儿歌，熟悉儿歌内容。

1. 幼儿跟随教师看图标学念儿歌。

教师：让我们试着念一次。

2. 巩固"手、叮、哥、嘭"的读音，帮助个别幼儿纠正发音。

3. 幼儿和教师一边念儿歌，一边做动作。

教师：我们可以动动我们的小手一边念一边做动作。

4. 邀请个别幼儿进行表演。

5. 游戏：谁藏起来了？

游戏玩法：教师请幼儿闭上眼睛，将任意一个手指上的手偶藏起来，再让幼儿睁开眼，猜一猜谁藏起来了，鼓励幼儿完整地说"×手指上的××藏起来了！"

活动建议

1. 在表演区提供爸爸、哥哥、姐姐、哥哥、宝宝的手偶让幼儿边念儿歌边表演。

2. 鼓励幼儿进行儿歌创编，建议提问：爸爸除了会开汽车，还会做什么？发出什么声音？

附儿歌：

手指歌

大拇指是爸爸，爸爸开汽车，嘀、嘀、嘀，
食指是妈妈，妈妈洗衣服，哗、哗、哗，
中指是姐姐，姐姐弹钢琴，叮、叮、叮，
无名指是哥哥，哥哥拍皮球，嘭、嘭、嘭，
小小拇指就是我，我在敲小鼓，咚、咚、咚。

活动三　手指歌（音乐）

活动目标

1. 在游戏中，了解各手指的名称，学唱歌曲《手指歌》。
2. 能边唱边进行动作表演，有初步表现的欲望。
3. 体验参与音乐活动的乐趣。

活动准备

物质准备：指偶五个；手指睡觉的图片和醒来的图片。

经验准备：幼儿会念儿歌《手指歌》。

活动过程

一、出示五指指偶，帮助幼儿回忆。

1. 教师出示指偶激发幼儿兴趣。

教师：小朋友们，看看这些指偶宝宝，你们认识它们吗？

2. 幼儿逐个说出手指的名称。

幼儿念读儿歌《手指歌》。

教师：我们学过儿歌《手指歌》，下面我们一起来念一念。

3. 和手指宝宝玩捉迷藏游戏。

教师：小朋友真聪明，你们想不想跟手指宝宝玩捉迷藏的游戏呀？

游戏玩法：老大睡了（两手心向上，拇指弯曲），老二睡了（食指弯曲），大个子睡了（中指弯曲），你睡了（无名指弯曲），我睡了，大家都睡了（小指弯曲，同时两手心转向下方）。小不点醒了（小指伸直），老四醒了（无名指伸直），大个子醒了（中指伸直），你醒了，我醒了（食指、拇指先后伸直），大家都醒了（两手相互拍）。

二、学唱歌曲，感受歌曲欢快的旋律。

1. 师幼配乐念歌词。

教师：让我们跟着音乐一起来念一念儿歌。

2. 幼儿尝试跟着旋律进行演唱。

（1）幼儿尝试演唱歌曲。

教师：你能试着跟着音乐唱一唱吗？

（2）教师与幼儿共同演唱。

（3）幼儿再次完整地边表演边演唱。

（4）体验歌曲欢快的旋律。

教师：手指宝宝说你们唱得真好听。如果每一段都是不同的手指宝宝在唱歌，我们该用什么样的声音来唱呢？（欢快的、高兴的）

三、游戏：我是五指宝宝。

教师：手指宝宝真有趣，你们想不想来学一学手指宝宝呀？（请五位幼儿上来分别扮演五个手指宝宝，其他幼儿唱歌，进行角色表演）

活动建议

活动中幼儿已经掌握了歌词，因此采用了幼儿自主匹配旋律进行演唱的方法，在实际的教学中教师可根据幼儿的经验和现场的情况进行调整，最大限度地鼓励幼儿自主学习。

附：手指歌

$1=C \dfrac{2}{4}$

$\underline{1\ 5}$	1　3	5　4　3　0	4	4　3	2　2　2　0	1	1	1　0 ‖
大拇 指	是爸爸，	爸　爸	开	汽车，	嘀、嘀、嘀。			
食　　指	是妈妈，	妈　妈	洗	衣服，	哗、哗、哗。			
中　　指	是姐姐，	姐　姐	弹	钢琴，	叮、叮、叮。			
无名 指	是哥哥，	哥　哥	拍	皮球，	嘭、嘭、嘭。			
小拇 指	就是我，	我　在	敲	小鼓，	咚、咚、咚。			

活动四　会说话的手势（社会）

活动目标

1. 知道手势可以表达特别的意思，在生活中学习用手势辅助语言进行表达。
2. 通过观察、模仿、运用的方法理解常用手势的含义。
3. 体会手势在生活中的表意作用。

活动准备

物质准备：电视机、照相机，游戏情境（娃娃家、菜场、小吃店、理发店、医院）。

经验准备：幼儿平时有看过和用过招手等简单手势。

活动过程

一、教师用手势动作激发幼儿的活动兴趣。

1. 教师不说话，用招手、向上、向下等手势带领幼儿集体做动作。

2. 从游戏中初步发现和理解手势。

教师：刚才我们在干什么？可是我没有说话，你们怎么知道要这样做动作呢？

二、具体步骤。

教师：我虽然没说话，但一直在用手做动作，这就是手势。手势可以用手来表达我想说的话。

1. 理解手势表达的意思，感受手势对生活的特别作用。

2. 了解常见手势的意思。

3. 教师用手势表达"安静""起立""坐下""来""去""抱抱臂"等意思，带领幼儿边玩边体验手势的特定含义。

4. 教师：你还见过哪些手势？可以做给我们看看吗？

5. 幼儿自由表现，可以相互模仿。

6. 教师：你觉得手势有用吗？什么时候特别需要做手势？

7. 教师小结。

教师：在不能大声说话的时候，我们可以用手势相互提醒。手势可以让我们更加注意对方想表达的意思。

三、创设情境，幼儿学会在生活中运用手势辅助语言表达自己的意思。

1. 观察游戏的情境，幼儿猜测会不会用到手势。

游戏场景：娃娃家、菜场、小吃店、理发店、医院。

2. 幼儿玩游戏，教师跟踪观察并拍摄幼儿游戏中运用到手势的照片或视频。

3. 集中讨论：刚才你有没有用到手势？表达的是什么意思？

4. 幼儿观看照片和视频，发现手势辅助语言可以更清楚地表达自己的意思。

5. 教师小结。

教师：我们的小手很能干，能做出多种手势，让大家可以更加相互了解彼此的意思。

活动五　小手摸一摸（科学）

活动目标

1. 初步感知物体的不同特征：冷和热、软和硬、光滑和粗糙。
2. 学习用手触摸感知物体特征并大胆表达。
3. 对百宝箱好奇，敢于尝试探究。

活动准备

物质准备：一个纸盒（上面挖一个小洞，洞的大小要能保证幼儿把手伸进里面并能从里面拿出东西）；纸盒内放入海绵玩具、玻璃球、布娃娃、板刷等物品，数量与幼儿人数基本相等。

经验准备：幼儿能说出小手触摸物体的感觉。

活动过程

一、请幼儿猜猜宝贝是什么，激发其兴趣。

1. 教师出示神奇的百宝箱，激发幼儿触摸兴趣。

教师：这是一个神奇百宝箱，里面有许多宝贝，请你们猜一猜里面有什么。

教师：我们怎么才能知道里面有什么宝贝呢？（看，听，闻，摸）

2. 教师介绍神奇的百宝箱可以通过摸一摸发现里面有什么。

教师：今天这个百宝箱里的东西你可以摸一摸，想不想试一试？

二、游戏：神奇的百宝箱。

1. 鼓励幼儿摸一摸百宝箱里的物品，并告诉大家自己摸到的宝贝可能是什么，摸上去的感觉怎么样。

2. 幼儿把摸到的宝贝拿出来让别的幼儿摸一摸，看一看。

教师：这是一件什么宝贝？它有什么用？

（1）请幼儿玩一玩自己摸到的宝贝，想出多种玩的方法。

（2）教师鼓励幼儿互相交换观察各自摸到的物品，感知它们的特点。幼儿摸宝贝时不能看，等到说出自己的感觉并猜想是什么后，才能拿出来验证。

教师：你摸到的宝贝是什么？摸上去有什么感觉？

（3）师幼讨论。

教师：我们找到的宝贝，摸上去有什么感觉？（教师着重从软硬程度，温度以及光滑度上面引导，鼓励幼儿大胆说出自己触摸后的感觉）

（4）教师小结。

教师：我们在百宝箱里摸到了许多宝贝，发现它们摸上去的感觉都不同，原来我们的小手能摸出每样不同宝贝的特殊感觉。我们的小手真能干！

3. 再次感受。

教师：让我们再摸一摸，感受一下不同的东西摸上去的不同感觉。

三、教师总结提升新建构的经验。

1. 拓展经验：幼儿用小手寻找冷和热、软和硬、光滑和粗糙的物体。

教师：在我们的周围有很多东西，它们摸上去的感觉也不同，下面就让我们去寻找一下，然后说说你的发现。

2. 幼儿在班级活动室或户外寻找物品进行触摸。

活动建议

1. 百宝箱内的物品尽可能是多种质地的，且数量要多。
2. 将百宝箱放在科学区内，让幼儿在区域活动中进行游戏，进一步感知物体的特征。

第二周　活动一　我有小手（音乐）

活动目标

1. 学唱歌曲《我有小手》，会唱带有休止符的部分。
2. 能迁移日常生活经验替换其他身体动作仿编歌词。
3. 愿意与同伴共同演唱歌曲。

活动准备

物质准备：音乐《手指歌》，进场音乐。

经验准备：幼儿熟悉身体部位的名称。

活动过程

一、开始部分。

1. 幼儿学小鸟飞进场。
2. 复习歌曲《手指歌》两遍，能边表演边演唱。

二、基本部分：学唱歌曲，感受歌曲的旋律。

1. 幼儿围绕小手会做的事情进行讨论，初步熟悉歌词。

教师：我们的小手可以做那些动作呢？谁愿意做给大家看看？

幼儿做动作，教师用语言帮助幼儿提炼歌词。

教师随歌曲旋律边做动作边有节奏地念歌词。

2. 幼儿学唱歌曲。

教师边做动作边范唱歌曲。

幼儿跟着教师边做动作边学歌曲。

幼儿尝试独立跟着音乐学唱歌曲，同时做动作。

学唱休止符的部分。

教师：你们在唱"我有小手"这句时，有没有什么变化？

幼儿尝试唱有休止符的一句，将"我"拉长，唱出休止符。

3. 幼儿尝试仿编歌词，演唱歌曲。

教师：我们的小手除了可以拍，还能做什么样的动作呢？

幼儿尝试用自己仿编的歌词演唱。

迁移身体其他动作替换歌词进行创编。

教师：除了小手可以拍，我们身体的其他部位可不可以发出好听的声音呢？我们把它编进歌曲中唱一唱吧。

活动二 小手真能干（健康）

活动目标

1. 知道小手可以做很多事，尝试自己动手做力所能及的事情。

2. 能大胆参加实践练习活动，在活动中提高自我服务能力。

3. 愿意参加自我服务，体验获得成功的快乐。

活动准备

物质准备：关于"手的作用"的PPT或图片，毛巾，有纽扣的衣服。

经验准备：幼儿有自我服务的经验。

活动过程

一、以问题导入活动。

教师：我们的小手真能干，小朋友平时会用小手做什么呢？（吃饭、画画、做游戏）

二、观看PPT或图片，了解手可以做很多事情。

1. PPT或图片中有叔叔的手会做拉面、哥哥的手会打篮球、姐姐的手会弹钢琴、老爷爷的手会捏面人等，了解手可以做很多的事情。

教师：你看到图片中的人，他们的手做了哪些事情呢？

2. 幼儿回忆自己生活中遇到的成人会用手做什么事情。

教师：你还见过谁？他们用手做过什么？

三、迁移自身经验，尝试自我服务。

1. 师幼讨论。

教师：小手可以做哪些事为自己服务呢？（穿脱衣服、叠毛巾、扣纽扣）

2. 幼儿分组进行简单的自我服务：穿脱衣服、叠毛巾、扣纽扣。

3. 幼儿讲述自我服务后的感受。

教师：今天你为自己做了那么多事情，你高兴吗？感觉怎么样？

4. 教师小结并帮助个别幼儿练习穿脱衣服、叠毛巾、扣纽扣。

四、欣赏歌曲《我有一双小小手》，体验自我服务的自豪感。

活动延伸

将穿脱衣服、叠毛巾、扣纽扣的活动延伸到生活区中，让幼儿进行练习，体验自我服务的快乐。

活动三　5以内按数取物（数学）

活动目标

1. 加深对数字1~5的认识，会根据指定的数量取出相应数量的物品。

2. 能手口一致地点数数量在 5 以内的物体并说出总数。

3. 喜欢参与数学游戏活动，培养对数学的兴趣。

活动准备

物质准备：

1. 教具：数字转盘（数字 1~5），小动物家的 PPT。

2. 学具。

第一、二组"盖印章"：小印章若干，作业单人手一份。

第三、四组"数物对应"：蔬菜小卡片若干份，作业单人手一份。

第五、六组"动物拼板"：小动物卡片若干份，作业单人手一份。

经验准备：已经认识数字 1~5。

活动过程

一、创设情境——练习点数。

1. 游戏：开火车。

教师：今天我们要乘火车去小动物家做客。

依次出现小动物的家。

2. 教师：这是谁的家呀？（小猫）家里有几小猫？（3 只）

打乱顺序显示，请幼儿点数并说出总数。

3. 教师小结。

教师：小朋友们都学会了用手指点一点、数一数的方法，知道了每个小动物家住着几只小动物。

二、游戏：门牌号码——将数字与数量对应匹配。

1. 教师：小动物们都住进了自己的家里，可是他们的房子都是一样的，他们经常跑错家，现在村长要给房子都挂上门牌号码，你们能帮助他们吗？

教师：我们怎么知道这个门牌是谁的家呢？

师幼共同讨论。

教师小结：家里有几个小动物，门牌就可以挂上数字几（类推）。

2. 游戏：包糖果——学习按数取物。

幼儿根据数字取出相应数量的糖纸，边取边说：我要包 × 颗糖果。然后将相应数量的糖果包好，送给相应门牌号的小动物。

3. 分组游戏。

第一、二组：盖印章。

教师：看左格中的数字，在右格中盖上相应数量的印章。

第三、四组：数物对应。

教师：将相应数量的蔬菜匹配放在相对应的数字下面。

第五、六组：动物拼板。

教师：将相应数量的动物拼板匹配拼放在相对应的数字下面。

活动四　可爱的毛毛虫（美术）

活动目标

1. 尝试用海绵印章在宣纸上连续压印圆形图案，印出毛毛虫，并适当添画触角、脚等细节。
2. 通过观察、探索、讨论，尝试变出动态的毛毛虫。
3. 体验用宣纸作画的乐趣。

活动准备

物质准备：毛毛虫图片PPT，范例；海绵印章若干；画有小草背景的宣纸若干，红、蓝、绿、黑色颜料，棉签，抹布。

经验准备：幼儿有压印的经验，看过绘本《好饿的毛毛虫》。

活动过程

一、情境导入，激发兴趣。

教师：春天到了，小草绿了，花儿也开了，还有很多的毛毛虫也出来了呢！我们一起来看一看。

二、观察图片，了解毛毛虫的外形特征。

1. 出示图片，引导幼儿观察。

教师：你最喜欢哪一只毛毛虫？它的身体是什么样的？（根据幼儿指的毛毛虫图片，引导幼儿了解毛毛虫的外形特征、色彩、动态，比如身体长长的、一节一节的，会弓起身子爬行，身体上长着小脚，头上长着触角等）

三、探索、讨论压印毛毛虫身体的方法。

1. 教师：今天老师带来了一些特别的材料，看一看有什么。（分别出示海绵印章、颜料和宣纸）你来摸一摸，海绵印章摸上去有什么感觉？宣纸呢？和你以前画画的纸一样吗？

2. 教师：想一想，怎样用印章变出一只可爱的毛毛虫呢？（幼儿自由猜测，请个别幼儿示范压印的方法）

3. 师幼讨论：毛毛虫的身体长长的，怎样才能印出长长的毛毛虫？（根据幼儿探索的情况，引导幼儿理解一节一节连在一起的身体，并大胆地印出来）

4. 教师小结：毛毛虫的身体是一节一节连在一起的，我们要一个连着一个印出毛毛虫的身体。

四、出示范例，提升幼儿的经验。

教师：今天老师也变出了几只可爱的毛毛虫，看，一只红色的毛毛虫正在草地上晒太阳呢！还有一只毛毛虫遇到了它的朋友，它对朋友说"你好！"

五、幼儿尝试压印、添画出完整的毛毛虫。

教师：这次我要请所有的小朋友都去印一印毛毛虫，想一想你的毛毛虫可能在做什么样的动作。记得印好毛毛虫的身体后可以用棉签帮它添画上触角和小脚。

幼儿作画，教师指导。

六、展示作品。

教师：我们一起来看看小朋友们变出的毛毛虫吧！这些毛毛虫们在干什么呢？（引导幼儿关注毛毛虫长长的身体以及毛毛虫的动态特征，让幼儿通过自己的表达让画面中的毛毛虫具有故事性、情境性）

活动五 绕口令《数数歌》（语言）

活动目标

1. 理解绕口令的内容，学说绕口令，能正确发出儿歌中"虎、鹿、猪、兔、鼠、五"的读音。
2. 借助PPT，通过图标、游戏、反复听读的方式清楚表达绕口令并完整记忆。
3. 感受念绕口令带来的乐趣。

活动准备

物质准备：《数数歌》的PPT。

经验准备：幼儿念过绕口令。

活动过程

一、活动导入，激发幼儿的学习兴趣。

教师：请你说一说，你喜欢的动物是谁？它喜欢在哪里玩？

二、观看PPT，学习绕口令。

1. 教师：今天有几只动物要和我们玩捉迷藏的游戏，咱们一起找一找它们藏在哪里。
2. 游戏：动物在哪里？

（1）教师点击PPT（出示山）：这是哪里啊？看看是谁藏在了山上。（点击出现虎）在幼儿的回答中反复纠正"虎"的发音。

（2）用同样方法分别播放PPT（出示树林）：这是哪里啊？看看是谁藏在了树林。（点击出现鹿）在幼儿的回答中反复纠正"鹿"的发音。

（3）（出示路）这是哪里啊？看看是谁藏在路上。（点击出现猪）在幼儿的回答中反复纠正"猪"的发音。

（4）（出示草）这是哪里啊？看看是谁藏在了草里。（点击出现兔）在幼儿的回答中反复纠正"兔"的发音。

（5）（出示鼠）还有一只鼠！在幼儿的回答中反复纠正"鼠"的发音。

3. 幼儿回忆出现过的动物。

教师：小动物都被我们找到了，咱们再来回忆一下找到了哪些动物。

4. 介绍绕口令名称"数数歌"，教师完整念一遍。

5. 教师和幼儿一起念读《数数歌》。

三、迁移经验，了解绕口令的特点。

1. 教师出示圆舞板，边打节拍边带领幼儿念读绕口令。根据幼儿念读的情况，节拍速度由慢逐渐加快。

教师：今天我们读的儿歌和平常念的儿歌有什么不一样？（幼儿说出自己的感受）

2. 教师小结：像这样的，儿歌里的字发音很像，而且念得快的时候也要念清楚，就叫读绕口令。

教师念其他绕口令作品给幼儿欣赏。

3. 幼儿谈谈自己听了绕口令后的感受。

活动延伸

利用餐前的过渡环节让幼儿欣赏一些绕口令作品，激发幼儿对这一文学形式的兴趣。

附儿歌：

数数歌

山上一只虎，林中一只鹿，路边一只猪，草里一只兔，还有一只鼠，

数一数，一、二、三、四、五，虎、鹿、猪、兔、鼠。

第三周 活动一 熊猫滚球（体育）

活动目标

1. 学习滚接大皮球的方法，能与同伴合作进行滚接游戏。
2. 能手眼协调地进行玩球游戏。
3. 喜爱参加玩球游戏活动，体验与同伴共同游戏的快乐。

活动准备

物质准备：皮球人手一只。

经验准备：幼儿玩过皮球。

活动过程

一、以游戏情境的形式进行准备活动。

1. 幼儿四散站在教师周围，教师带幼儿随音乐做准备动作。（弯弯腰、踢踢腿、伸伸臂、走一走、转一转等）

教师：小熊猫们，和妈妈一起玩玩、转转，让身体变得棒棒的。

二、游戏"熊猫滚球"，体验与同伴游戏的快乐。

1. 幼儿自由地玩球。

教师：小熊猫们，和你们的皮球做游戏吧。

2. 尝试相互进行滚球游戏。

（1）教师以游戏口吻介绍玩法。

教师：妈妈带来了许多大皮球，请小熊猫找一个好朋友一起滚球玩。两个好朋友你把球推给我，我接住球再传给你，滚来滚去真好玩。

（2）幼儿与同伴探索滚球的方法。（利用《找朋友》的游戏，幼儿边唱《找朋友》的歌曲边拍手做动作找一个朋友，两人一组）

（3）教师边讲边为幼儿做示范。

动作要领：幼儿推球时将两手分开，胳膊用力向对面的小朋友推去，对面的幼儿要注意球的方向，用手去接滚来的球，然后再推回去。

3. 幼儿再次进行滚球练习。

教师指导幼儿面对面蹲下保持适当的距离，进行滚接球游戏。

4. 教师观察幼儿游戏情况，帮助个别幼儿调整两人滚接球的距离，体验相互间滚接球的方法，掌握手臂用力前推和伸手接球的动作。

5. 鼓励并指导动作不协调和没有掌握动作要领的幼儿大胆尝试,让他们体验成功的快乐。

三、幼儿再次玩球:每人一个球,自由地推球、追球、踢球、拍球等,体验玩球的乐趣。

四、放松活动。

幼儿平躺在地上,教师用大球帮幼儿进行按摩。

教师:小熊猫们,今天大家玩得都很累了,让妈妈来给你们按摩一下吧。

活动二 拉拉手(音乐)

活动目标

1. 能随音乐基本合拍地做动作,尝试仿编部分歌词。
2. 能在拉手走圈时,尽量与同伴保持速度一致。
3. 喜欢音乐活动,体验与同伴游戏的乐趣。

活动准备

物质准备:《我有小手》音乐,电脑。

经验准备:幼儿有走大圆的经验。

活动过程

一、开始部分。

1. 幼儿一个拉一个"开火车"进场。
2. 复习歌曲《我有小手》。

要求:边做动作边演唱,能按节拍做模仿动作。

二、学唱歌曲《拉拉手》第一段,尝试边唱边按节奏做动作。

1. 教师范唱歌曲第一段。

教师:你知道这首歌里小朋友在干什么吗?他们是怎样玩"拉拉手"游戏的呢?(拉手,拉圆圈)

2. 教师带领幼儿边拍手边清唱歌曲。
3. 幼儿在座位上边走边学唱歌曲。
4. 幼儿站起来在座位前边走边唱歌曲。
5. 师幼尝试共同拉手,按拍子有节奏地走圆圈。

(1)第一遍教师清唱。

(2)第二遍听音乐边走边唱。

三、迁移第一段的经验学唱第二段，尝试边唱边拉手做律动。

1. 教师范唱第二段。

2. 幼儿发现两段的不同。

教师：刚才你听到的第二段与第一段有什么不同呢？歌词里都唱到了什么动作？（拍手、向前走、点头）

3. 幼儿尝试演唱第二段。

4. 幼儿边唱边有节奏地做动作。

四、完整进行游戏，尝试动作创编。

1. 师幼完整地进行游戏"拉拉手"。

2. 教师：放下小手点点头，还可以改成什么？（如：放下小手叉叉腰，放下小手跳一跳）鼓励幼儿大胆地仿编。

3. 在教师的指导下，集体按仿编内容游戏。

活动延伸

在体育活动中带领幼儿练习走圆圈，让幼儿熟悉大圆的队形。

活动三　小鸡（美术）

活动目标

1. 能使用大小不同的圆形自由组合并添画小鸡的不同造型，尝试撕出草地丰富背景。

2. 能正确使用粘贴材料，知道活动结束要整理材料。

3. 体验动手操作的乐趣。

活动准备

物质准备：与幼儿人数相等的背景图，大小不一的黄色圆形纸片人手若干张，绿色彩色纸，胶棒，抹布人手一块；小鸡视频。

经验准备：幼儿观察过小鸡，认识小鸡。

活动过程

一、导入活动（谜语《小鸡》），激发孩子们创作的兴趣。

圆脑袋，尖嘴巴，会捉虫，爱吃米，唱起歌来叽叽叽。

二、播放小鸡视频，观察小鸡的形态、颜色、动作。

1. 播放小鸡视频，揭晓谜语答案。

教师：我们来看一看，它到底是谁呢？（小鸡）

2. 播放小鸡视频，引导幼儿观察小鸡。

教师：你们想知道小鸡们正在草地上干什么吗？（教师播放视频）

小鸡是什么颜色的呀？小鸡长得什么样子？小鸡们在干什么呢？

（引导幼儿观察小鸡并说出：圆圆的脑袋，圆圆的身体，尖尖的嘴巴，细细的爪子。引导幼儿观察小鸡并说出：有的小鸡在低头找虫子吃；有的小鸡看见同伴找到了食物，就飞快地跑过来也想找食物；还有两只小鸡在抢虫子吃；也有的小鸡抬头看着天上的白云）

三、幼儿制作"可爱的小鸡"。

（一）出示制作材料，幼儿尝试拼摆不同造型的小鸡。

1. 教师出示圆片、胶棒。

教师：今天我们来用这些小圆片做小鸡，你们看看黄色小圆片可以做小鸡的什么部位。

2. 幼儿各自用圆片在背景图上进行拼摆，并说说小鸡在干什么。

3. 教师小结：两个圆片片不同的摆放方法，就可以让小鸡做出不同的动作。（比如：大片片在下面，小片片在上面，小鸡是站着的；小片片和大片片排成横排，小鸡是弯下腰的，小鸡弯腰干什么呢？小鸡还可以做什么动作呢？）

（二）幼儿制作撕贴画"可爱的小鸡"。

1. 教师讲解制作步骤。

粘贴小鸡——添画鸡嘴、鸡爪——撕贴小草。

2. 幼儿操作，教师巡回指导。

教师小结：在小片片的不同位置添上小鸡的嘴巴，在大片片下面的两边添上小脚，小鸡变得好可爱啊！

四、展示幼儿作品，鼓励幼儿把作品送给妈妈。

1. 展示幼儿作品，分享交流。

教师：请你来说一说，你的小鸡是做什么动作的，它在干什么呢？

2. 整理美工材料。

活动四 小超市（数学）

活动目标

1. 感知、区别5个以内物体的长短，并能按长短差异给物体排序。

2. 学习整理物品，在尝试、操作活动中学习按序摆放物品。

3. 积极参加排序活动，初步体验活动的乐趣。

活动准备

物质准备：

1. 教具："超市"的场景布置，分为点心区、玩具区、水果区。

2. 学具：提供幼儿熟悉的、长短不一的多组物品，每组数量5个（如长短不同的裤子、面包、勺子等），幼儿排序操作底板。

经验准备：幼儿有过分类排序的经验。

活动过程

一、教师创设游戏情境，提出问题。

1. 教师带领幼儿来到"超市"，幼儿尝试对物品进行分类。

教师：小超市的东西真多呀！都有哪些东西呢？（面包、小熊、裤子）

2. 幼儿动手按用途对物品进行分类。

教师：请你来把这些物品送回家。

3. 幼儿将物品送回点心区、玩具区和水果区。

二、幼儿尝试给不同区域的物品排队。

1. 幼儿尝试给面包排队。

教师：物品是送回家了，可摆放得不整齐，我们来帮忙整理一下吧！

教师：面包有好几个，它们都一样大吗？试试拿出一种物品，比比它们的长短，再把它们排在底板上。

2. 教师引导幼儿观察底板上的排序标记，明确物品排在横线上，且排在红旗的后面。

3. 幼儿操作，尝试给高矮不同的物品排序。

4. 幼儿讲述自己排序的方法。

教师：谁来说说你是给什么物品排序的？是怎样排的？谁站在最前面？谁站在最后面？

5. 教师总结归纳排序的方法。

教师：我们在给物品排序时有的是按照长短排序的，有的是按照高矮排序的，排序时有从长到短，也有从短到长；有从高到矮，也有从矮到高，看来你们都是收拾小能手。

三、幼儿扮演营业员，按序整理物品。

1. 幼儿分组操作，进行排序练习。

教师：我们来当"超市"的营业员，一起动手整理这些物品吧！把一种物品按顺序摆放，可以再说一说你是怎样放的。

2. 在幼儿操作活动时，教师观察幼儿能否正确排列物品，并鼓励幼儿用语言表达排序的结果。

四、分享成功，体验快乐。

1. 幼儿介绍自己摆放的物品。

2. 教师引导幼儿观察、欣赏"超市"的物品摆放，体验与同伴一起整理物品的快乐。

活动延伸

1. 生活区提供3~4件不同长短的衣服、项链等，让幼儿按不同的规律进行分类和排序。

2. 美工区可用木珠、油泥、纸条等材料，和幼儿一起制作不同长短的彩珠链、彩纸环等，让幼儿在做做玩玩中加深对排序的理解。

活动五　手足口（健康）

活动目标

1. 能说出自己患手足口病时的感受，初步了解其病因和症状。

2. 在情境表演中，了解如何预防手足口病。

3. 能勇敢面对传染病，用积极的态度对抗疾病。

活动准备

物质准备：两个病毒手偶；手足口病的案例照片；洗手步骤图；PPT、家长讲述的视频。

经验准备：邀请患过手足口病的幼儿参加活动。

活动过程

一、调动幼儿经验，引出讨论话题。

1. 手足口病毒手偶出场：小朋友们，你们认识我吗？我是手足口病毒，我可喜欢你们啦！我想和你们做朋友，你们愿意吗？

2. 教师：你们为什么不愿意和病毒做朋友呢？

二、出示相关图片，了解手足口病状和病因，讨论对策。

1. 出示手足口病的照片，师幼讨论。

教师：得了手足口病有什么症状？是什么感觉？医生是怎么治疗的？

2. 出示家长的视频，讲述自己的孩子得了手足口病的状况。

3. 教师：你们知道我们班这么多小朋友是怎么得上手足口病的吗？

观看手偶表演（两个病毒自我介绍：我们是手足口病毒，我们最大的本领就是能在小朋友中跑来跑去，让大家都患上手足口病。我们最喜欢不爱洗手的孩子，因为这样，我们就可以藏在他的手上，趁机跑到他的身体里；我们还喜欢藏在门和窗都关得紧紧的房间里，这样我们就不怕被吹到屋子外面去了；我们最喜欢在人多的地方，每个人都挨得紧紧的，让我们可以把病毒传染给更多人）

4. 教师：手足口病毒虽然很厉害，可是我们也是能打败他们的，我们该怎么办呢？

幼儿两两讨论对策，教师进行个别指导。

5. 幼儿表述自己想出的办法，教师用图示将幼儿想出的办法表示出来。

6. 教师：医生是怎么对付手足口病的呢？让我们听医生说一说。

出示 PPT，进行小结。

教师：手足口病是传染病，医生建议小朋友们要认真地洗手，多喝白开水，不去人多的地方，要是自己生病了，就要在家隔离，以免传染给其他小朋友。还有，要提醒老师和妈妈经常开窗通风，经常晒衣服被子哦！

三、现场模拟，内化经验。

1. 病毒手偶出现：听说，小朋友们都学会了怎么打败我们，不知道是不是真的？
2. 教师出示洗手步骤图，幼儿集体学习洗手。
3. 预防手足口病行动。

洗手行动：幼儿分批去洗手，巩固正确的洗手方法。

喝水行动：排队去饮水区喝水。

开窗行动：在教师的帮助下打开活动室的窗户，知道开窗通风有利于空气流通。

晒玩具行动：在教师的帮助下，将清洗好的玩具搬到室外有阳光的地方曝晒，知道阳光中的紫外线可以杀毒。

4. 在锻炼身体走走路、跑跑步中结束活动。

附相关游戏参考资料：手指游戏大集合

一、手指兄弟。

兄弟十个两组（十指展开，手心向外），生来个子有高低（翻动两手，手心向内）：老大长得最粗壮（动动两手拇指），老二生来有主意（动动两手食指），老三长得个子大（动动两手中指），老四生来没出息（动动两手无名指），老五别看个子小（动动两手小拇指），拉起勾来有本事（两手小指拉拉勾）。

老大碰碰头（两手大拇指相碰），老二碰碰脸（两手食指相碰），老三老四弯弯腰（两手中指上下运动），老五伸伸腿（两手小指伸展运动），大家拍手把歌唱（两手拍掌）。

握紧拳头有力气（握双拳举双手），东一捶（右手捶左手心），西一捶（左手捶右手心），南一捶（右手捶左手背），北一捶（左手捶右手背）。

二、手指睡觉。

老大睡了（两手心向上，拇指弯曲），老二睡了（食指弯曲），大个子睡了（中指弯曲），你睡了（无名指弯曲），我睡了，大家都睡了（小指弯曲，同时两手心转向下方）。

小不点醒了（小指伸直），老四醒了（无名指伸直），大个子醒了（中指伸直），你醒了，我醒了（食指、拇指先后伸直），大家都醒了（两手相互拍）。

三、手指宝宝。

两个大拇指（两手成拳相对，拇指伸直），比比一样高（两拳相合，拇指并在一起），相互点点点（两手拇指向前弯曲），接着弯弯腰（两手拇指向前弯曲）。两个小拇指（两拳打开，两手小指伸直），一样都灵巧（两手小指弯曲运动），相互拉拉勾（两手小指反复互勾），点头问问好（两拳竖起两手小指相互弯曲运动）。食指（弹食指），中指（弹中指），无名指（弹无名指），样样事情离不了（两手食指、中指和无名指弯曲运动）。摊开双手数数数（两手心向上，十指伸展），一（左手拇指弯曲），二（左手食指弯曲），三（右手中指弯曲），四（右手无名指弯曲），五（左手小指弯曲），六（右手拇指弯曲），七（右手食指弯曲），八（右手中指弯曲），九（右手无名指弯曲），十（右手小指弯曲），都是我的好好宝宝（两手互拍）。

四、手指做饭。

切切菜（两手小指相勾，无名指和中指并起，向下切），擀擀面（无名指、中指弯曲，食指向两边运动），包包饺子（三指并起，上下运动和拇指相碰），捣捣蒜（两手小指相勾运动拇指）。

五、手指捣米。

对舂对舂捣捣（右手心向上，两手拇指运动如捣米状），扫帚扫帚扫扫（手形同上，右手食指在左手中运动，如扫地状），簸箕簸箕扇扇（手形同上，左手食指、中指上运动如扇风状），小鸡小鸡啄啄（手形同上，右手中指与食指相碰如啄米状）。

六、手指上课。

手指上课（两手五指相顶）：大门开了（两手拇指分开），小门开了（两手小指分开），二门开了（两手食指分开），后门开了（两手无名指分开），中门也开了（两手中指分开），小朋友都进来了（两手十指交叉抱拳）。教室门开了（两手拇指分开），老师走进来了（左手食指竖起），全体起立（交叉的十指全部伸展），坐下（两手交叉抱拳），报数：1（手形同上，右手食指伸出，然后立即放下），2（左手食指伸出，然后立即放下），3（右手中指伸出，然后立即放下），4（左手中指伸出，然后立即放下），5（右手无名指伸出，然后立即放下），6（左手无名指伸出，然后立即放下），7（右手小指伸出，然后立即放下），8（左手小指伸出，然后立即放下）。大家早操一二一（先伸展左手手指，然后换右手，按口令左右手轮番伸展），一二一（先伸展右手手指，按口令右手左手轮番伸展），立定！解散（立定时停止运动，双手呈交叉状，解散时两手放开）。

七、全体集合。

大拇指出列（两拳相靠，大拇指竖起），齐步走！一二一，一二一！立定，入列（大拇指随口令向前弯曲，入列口令时拇指收回）。食指出列！齐步走（两手食指伸出）。

一二一，一二一！立定，入列（食指随口令弯曲，入列口令时食指收回）。全体出列！齐步走！一二一，一二一（两手大拇指相顶，其他四指随口令弯曲）。跑步走！一二一，一二一！立定！解散（手指加速做弯曲运动，立定时停止运动，解散口令时，两手分开）。

八、手指眼镜。

一勾金（两手背对，小指相勾），二勾银（无名指相勾），三勾铜（中指相勾），四勾铁（食指相勾）。一勾出来个老先生（两手由里外翻，中间抱着一个大拇指），老先生又不见了（两手散开）。到哪儿去啦？商店里面买眼镜（用食指指向前方）。老先生选了一副好眼镜（两手相互勾起，拇指与食指呈圆圈做成眼镜状，放置眼前）。

九、小车小。

小车小（两手中指与大拇指相接），小车巧（两手无名指交叉，双手食指各自勾住无名指），看谁的小车巧（中指向前伸展），看谁的车儿做得好（拇指靠拢呈小车形）。

十、手指打鼓。

上敲咚咚鼓（双手运动食指），下敲鼓咚咚（双手运动小指）。上下一齐敲（食指小指同时运动），中间开了缝（食指、中指向上运动，无名指、小指向下运动）。

十一、你敲鼓我敲锣。

我敲鼓你敲锣（左手动小指，右手动食指），大家一齐敲（食指小指一起运动），中间开了河（食指、中指向上运动，无名指、小指向下运动）。

十二、手指玩耍。

天上三只鸟在飞（运动左手拇指、中指、无名指），地下三匹马在跑（运动右手拇指、中指、无名指）。上面树洞里睡了只小狗熊（运动右手食指），下面树洞里睡了只小松鼠（运动左手小指），两只小兔在一旁玩耍（运动左手食指和右手拇指时向下敲；轮番向下敲；两边同时敲一次，一边再敲一次；再左右调换）。

十三、手指亲亲。

小指勾勾（小指互勾），拇指顶顶（拇指相顶），转个圈儿（小指分开，手心相对，右手向前伸）。

转个圈儿（拇指也分开，手指向前转动），握手亲亲（两手继续旋转，互换位置）。

主题活动四

和水宝宝玩游戏

主题活动四
和水宝宝玩游戏

主题意图

下雨天,常常会看到低幼的孩子穿着雨靴啪嗒啪嗒踩着积水,他们打着小伞在雨天里奔跑欢笑,有时候甚至在洗手的时候也会玩水弄湿衣袖,"水"是大自然给孩子们的礼物。玩水不仅仅对小班孩子,甚至对中大班孩子也是极具吸引力的游戏。玩水可以促进幼儿感知觉的发展,使幼儿亲近大自然,培养幼儿乐探索、勤思考的科学素养。

夏季是玩水的好季节,小班幼儿入园已经快一年了,对幼儿园户外环境逐渐熟悉,对于很多地方是有探索、玩耍的好奇心的。戏水池就是一处吸引他们的地方。本主题结合季节特点,依托我园优美的园林式户外环境,以"和水宝宝玩游戏"富有童趣的活动为主线,给小班幼儿充分与自然环境互动的机会,让他们在玩水的过程中感知、发现水的特性,观察物体在水中的沉浮现象,感受和欣赏相关的艺术作品,舒展身心,愉悦性情,激发对大自然的热爱和保护环境的情感。

主题目标

健康:

1. 知道冷饮可以降温,但不能多吃,白开水对身体有好处,愿意喝白开水,愿意听从成人建议,养成良好的饮食习惯。

2. 尝试用多种容器运水,锻炼走、跑、平衡能力,体验运动的有趣,促进动作的协调性和灵活性。

语言:

1. 学习欣赏、观察画面,能用简单的语言表述观察到的图片。

2. 感受、欣赏诗歌韵律,学说词语,丰富词汇,进行讲述。

3. 喜欢听故事，阅读绘本；喜欢诗歌，感受文字和画面的美；愿意参与讲述和扮演活动。

社会：

1. 知道水在人们的生活中很重要，保护身边的水资源。能在喝水、洗手的时候记得关紧水龙头，做到节约用水。

2. 了解夏天多种多样的"玩水"游戏，能自己选择游戏并和同伴愉快游戏，喜欢参与集体活动。

科学：

1. 运用多种感官感知水和冰块的特性，发现水和冰的变化；感知不同物品放进水中的变化，发现"浮"和"沉"现象；体验探究发现的乐趣，有好奇心。

2. 感知和区分小船、房屋的"里面"和"外面"，学说方位词；感知物体的长和短、高和矮，尝试排序；体验数学游戏的快乐。

3. 尝试用语言说出自己的发现，学习用清楚的语言更加准确地表达发现。

艺术：

1. 随音乐节奏做动作，尝试用铃鼓、小铃等乐器随乐击打节奏，乐意与同伴一起演奏打击乐。

2. 尝试用蜡笔、水粉颜料、墨水、吸管等多种材料涂鸦作画，感受水油分离画、水印画多样的艺术表现手段，体验艺术活动中的惊喜，激发想象力和创造力。

3. 尝试并学习用画线条、涂颜料的方法表现美丽的大海及海底世界。

> **主题网络图**

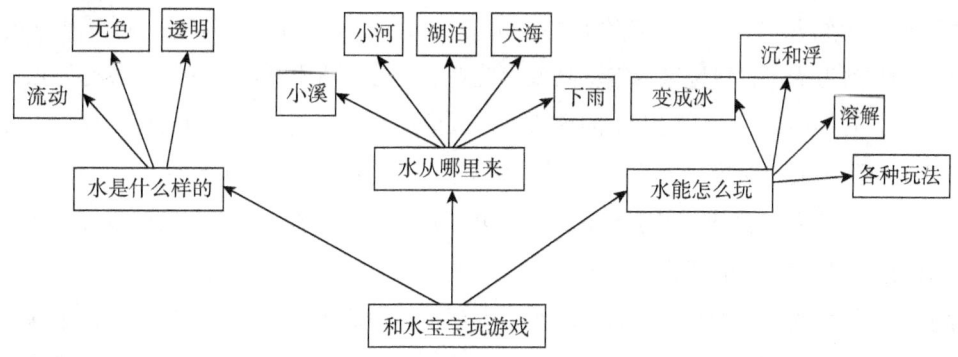

环境创设

1. 在活动室的醒目位置布置主题墙"和水宝宝玩游戏",以照片和文字的方式呈现幼儿对"水"的认知经验,可以通过"水是什么样的?水从哪里来?水能怎么玩?"三个关键问题,将幼儿的经验完全串联起来。

2. 请幼儿将自己喜欢的1~2件玩水工具带到幼儿园,如:小桶、雨靴、水枪等,布置玩水玩具展区,起到突出主题内容、引发幼儿兴趣、连接经验的作用,从视觉环境上营造班级富有童趣的游戏氛围。同时配合日常户外玩水游戏,请幼儿将大浴巾和简单的换洗衣服放在小书包里带到班级备用。

3. 在家长园地,教师和家长可以设置一块记录墙,以文字和照片的形式共同记录幼儿参与玩水游戏的体会,积累对幼儿发展有价值的育儿经验。

4. 在活动室区域内设置与"玩水"内容相关的各种游戏:在科学区设置沉浮、食物泡发(如木耳、银耳等)、做冰块等实验;在生活区设置做冰棒、冲饮料,以及和健康习惯饮水有关的内容;在美工区以多种形式运用水的特性进行创作;在益智区以与水相关的内容,设置思维游戏;在阅读区提供相关内容的科学、文学类绘本。此外,利用幼儿园户外戏水池、操场等环境开展幼儿喜爱的玩水游戏。

三方互动

教师——为幼儿提供玩水的丰富材料,玩与"水"的主题相关的游戏。可以从室内外环境、玩水的材料考虑,材料选取日常玩具或锅碗瓢盆勺等生活用品,这些材料各有特点,有盛水、漏水的,有不同形状、不同大小的容器,可以促进小班幼儿感知觉的发展。合理安排玩水的时间,做好玩水期间保暖、防滑等安全保护措施,争取家长的配合和支持。

幼儿——在教师创设丰富有趣的主题环境中,充分感知水的特性,有创意地玩游戏,主动获取广泛的关于自然环境的经验。

家长——协助幼儿和教师一同布置班级教育环境,做好玩水主题的物质准备,了解自然环境中空气、阳光、水等因素是促进幼儿自由成长的教育环境,允许孩子在合适的时间和地点玩水,平时在家也能和孩子玩与"水"有关的游戏。

特色活动

	活动	活动准备	指导要点	参与幼儿
健康大活动	换衣裤	换衣裤的步骤图张贴在生活区或户外玩水区	知道穿脱夏季衣裤的顺序和方法，能边念儿歌边完成换衣裤	各班级幼儿
安全教育活动	玩水的安全	熟悉室内外玩水场地	熟悉幼儿园室内和户外玩水的活动场地，知道在有水迹的地方要慢慢走，不奔跑，有自我保护意识	各班级幼儿
户外活动	戏水池玩水	幼儿园戏水池	用日常玩具或锅碗瓢盆勺等生活用品玩水，交流自己的发现	本班幼儿
	打水枪	幼儿园的户外场地	在指定的范围内玩游戏，穿着雨衣、雨靴，带小桶，用水枪吸水相互射击、躲闪	本班幼儿
语言活动	变了样子的水	绘本《变了样子的水》或PPT	阅读绘本，观察欣赏画面内容，表达自己看到的内容，了解水的用途	本班幼儿
	小红看海	绘本《小红看海》或PPT	专注倾听教师讲故事，能听明白故事内容，体会故事中小红船找到朋友的喜悦心情	本班幼儿
	小水滴的旅行记	绘本《小水滴的旅行记》或PPT	阅读绘本，了解水从哪里来。找找水在自然界中的变化	本班幼儿
	水从哪里来	绘本《水从哪里来》或PPT	欣赏绘本画面之美，感受生命和爱的情感，丰富有关水的科学经验	本班幼儿
	水会变哦	绘本《水会变哦》或PPT	了解水的用处和水的变化。体会作家用文学形式讲述水的变化：水像一位魔术师，变成云……	本班幼儿
音乐活动	大雨小雨	钢琴或成品音乐	熟悉歌曲旋律，随乐愉快演唱	本班幼儿
	雪花和雨滴	钢琴或成品音乐	用自然的声音演唱歌曲，尝试用不同的速度和音量表达雪花和雨滴	本班幼儿
	我爱洗澡	钢琴或成品音乐	熟悉旋律，随乐按节奏做动作表现洗澡	本班幼儿

区域活动

	活动与指导要点	幼儿发展目标	材料与层次
建构区	活动：积木建构 指导要点：尝试用积木和雪花片建构"轮船"和"水上游乐场"	学习延长、围合、垒高等技能，用雪花片和积木进行建构，呈现轮船、水上游乐场，发展手部动作和力量	材料：小型积木和雪花片 层次一：喜欢玩雪花片和积木； 层次二：尝试用雪花片和积木延长和围合，建构主题； 层次三：灵活运用延长、围合和垒高的技能进行建构
生活区	活动：冲饮料 指导要点：尝试用果珍粉和温开水冲饮料，品尝味道的浓和淡	练习使用勺子舀和搅拌，促进手部动作的协调性。探索温水冲泡饮料，观察果珍粉在水中溶解的过程，促进多种感官发展	材料：大勺子和小勺子，大口杯和小口杯，用有盖子的透明罐子盛装果珍粉，装着温开水的水壶，抹布 层次一：会看步骤图，知道冲泡方法和流程； 层次二：尝试用大小不同的勺子放果珍粉在口径大小不同的杯子中； 层次三：观察、发现冲泡饮料过程中的溶解现象，调整口味浓淡
	活动：洗水果 指导要点：在水盆中洗水果，感知水果放在水中的沉和浮	用清水清洁水果，感知水果的形状、轻重，观察水果在水中沉在水底和浮在水面的现象	材料：苹果、梨、小西红柿等各种水果，水池、筐、小毛巾等 层次一：通过洗水果感知水果形状、大小； 层次二：观察不同水果在水中沉或浮的现象； 层次三：按沉或浮给洗好的水果分类
	活动：自制冰块 指导要点：少量品尝自制冰块，知道不贪吃冷饮	品尝自制冰块，感知其冰冷及其遇热融化的现象，品尝不同味道	材料：保温袋、自制冰块盒子、温水、透明杯子、小毛巾 层次一：将冰块放在杯子中品尝，感知其冰冷及遇热融化的特性； 层次二：观察冰块融化的现象； 层次三：尝试做不同口味的冰块

续表

	活动与指导要点	幼儿发展目标	材料与层次
生活区	活动：饮水记录单 指导要点：以插牌的方式记录自己每天喝水的情况	通过记录，关注自己每天的饮水量，养成定时适量饮水的习惯	材料：保温桶、温水、透明杯子、小毛巾，环境中创设插牌记录饮水的墙面 层次一：能关注记录饮水的墙面； 层次二：饮水后能插牌记录次数； 层次三：养成天天定时适量饮水的习惯
美工区	活动：折纸船 指导要点：能在教师帮助下看懂图示，尝试折叠小船 	学习看图理解折纸步骤，促进手眼协调发展及读图能力	材料：图示、折纸 层次一：看图理解意思； 层次二：看图示折纸，遇到困难时请教师帮助； 层次三：独立看图完成折纸
	活动：泥工做小船 指导要点：在泥工板上做平面小船，使用按压的技能，尝试使用辅助物塑形	参与艺术表现活动，对泥工活动产生兴趣	材料：泥工板、油泥、辅助物工具、小船图画 层次一：观察小船画面，模仿小船外形在泥工板上塑形； 层次二：学习用工具、辅助物表现、装饰细节
	活动：神奇的水印画 指导要点：滴墨汁在水里，然后用纸接住混有墨汁的水，形成画面	对材料和作品效果感兴趣，学习滴墨水、水印画的基本方法，乐于参加美术活动	材料：脸盆、吸管、墨汁、宣纸、小毛巾 层次一：在教师指导下熟悉水印画程序； 层次二：在教师和同伴的帮助下，能够画出水印画作品； 层次三：乐于多次尝试水印画
益智区	活动：里面和外面 指导要点：找出平面图和立体物体的里面和外面，贴上标签	参照客体理解平面和立体物体的里和外，促进空间感发展	材料：房子、轮船、汽车的覆膜图画及玩具模型，人物和动物的平面及站立的模型，任务图 层次一：随意将人物和动物摆放在自己喜欢的房子、轮船和汽车玩具模型中； 层次二：按任务图要求将人物和动物摆放在指定的房子、轮船和汽车玩具模型中； 层次三：按任务图要求将人物和动物摆放在指定的房子、轮船和汽车平面图中

续表

	活动与指导要点	幼儿发展目标	材料与层次
益智区	活动：长短冰棒棍 指导要点：感知冰棒棍的长短，按从长到短或者从短到长的顺序排序	按照长短顺序排序	材料：给不同长短的冰棒棍排序用的红旗标志底板 层次一：会用排序板，完成3根冰棒棍排序； 层次二：借助排序板完成5根冰棒棍排序
益智区	活动：神奇的纸杯 指导要点：自由玩纸杯，如水杯计数、高矮排序、排列规律、颜色分类等	尝试探索低结构材料纸杯的玩法，借助适当提示，玩多种游戏	材料：不同高矮、颜色的纸杯 层次一：喜欢玩纸杯游戏，会一种游戏玩法； 层次二：尝试纸杯的不同玩法，有自己的想法
益智区	活动：小水珠的旅行 指导要点：用吸管滴一滴水珠在"小水珠旅行"的封塑底图上，摆动底图，让水珠沿着底图上路线流动，最终到达终点	尝试适度摆动封塑底图，感受水的流动性，促进手眼协调，巩固水流入"海"的科学经验	材料：吸管、清水、小水滴旅行的封塑底板、小毛巾 层次一：会用吸管取水，将水滴在底板上； 层次二：尝试摆动底板让水滴顺着路线流进"大海"
探究区	活动：玩水 指导要点：用各种容器、管子、网眼等生活常见物品自由玩水，感知水的特性	大胆尝试各种工具玩水，发现、感受水和不同容器之间的关系，增加科学经验	材料：各种形状的容器、管子、网眼等生活常见物品 层次一：自由使用容器和工具玩水； 层次二：观察、发现容器和水的关系
探究区	活动：沉下去、浮上来 指导要点：将油泥、塑料瓶、锡纸放入水中观察沉浮现象	尝试将不同材质的物品放入水中，猜想、观察、发现它们的沉浮现象，并尝试改变沉浮状态，增加科学经验	材料：油泥、塑料瓶、锡纸等材料，水池、沉和浮的分类标记，小毛巾 层次一：自由选择材料放进水里观察； 层次二：将不同材料制成的小船实验后进行分类，按沉浮标记摆放； 层次三：尝试改变材料形状，将小船再次放进水里实验，观察沉浮现象

续表

	活动与指导要点	幼儿发展目标	材料与层次
探究区	活动：水中变变变 指导要点：自由选取生活中常见的材料（海绵、海带、木耳、香菇、黄豆、盐、糖等）放入水中浸泡，观察发现变化	大胆尝试、仔细观察，发现物品浸泡后发生的变化	材料：生活中常见的材料——海绵、海带、木耳、香菇、黄豆、盐、糖等，温水，小碗若干，小毛巾，记录单 层次一：选择1~2种材料放入温水中浸泡，观察、发现其变化； 层次二：将多种材料放入水中浸泡，发现并说出其变化； 层次三：在多次尝试后，在记录单上记录观察和发现
阅读区	活动：关于水的绘本 指导要点：看图、简单复述故事内容	安静地阅读图书，仔细翻看每一页，增进读图和讲述能力	材料：绘本 层次一：自己安静阅读绘本内容； 层次二：边听故事边翻阅绘本； 层次三：自己翻阅图书，边看边简单讲述故事内容
	活动：故事盒 指导要点：能安静地倾听电子故事	愿意和同伴一起或独自安静地倾听故事	材料：电子播放器 层次一：喜欢和老师、同伴一起听故事，听懂故事内容； 层次二：尝试自己开关，播放故事并安静倾听； 层次三：会根据电子目录选择故事
	活动：手偶表演 指导要点：自己戴上小指偶，表演喜欢的节目	参与指偶表演活动，并大胆地用语言进行表达	材料：手偶、背景小图片（汽车、大树、房子、草地等） 层次一：愿意用手偶进行表演； 层次二：用手偶表演，并能边表演边用语言配合； 层次三：大胆地用手偶表演自己喜欢的故事，说话声音响亮

续表

	活动与指导要点	幼儿发展目标	材料与层次
扮演区	活动：冷饮店、超市 指导要点：知道自己在冷饮店、超市的工作内容，会有礼貌地和客人打招呼，推荐夏日健康饮品	喜欢超市游戏，体验冷饮店、超市的买卖角色，促进交往语言发展	材料：超市、冷饮店场景、标志 层次一：自由地使用道具进行扮演； 层次二：知道自己扮演的角色，与同伴进行语言互动； 层次三：能做出符合角色的行为，并与同伴有礼貌地交往
	活动：我爱洗澡 指导要点：使用花球道具，跟随音乐一同舞蹈，创编动作	欣赏视频，自主学习动作，随乐律动，促进学习能力和肢体表现力	材料：舞蹈视频，花球、舞台环境 层次一：欣赏舞蹈视频，对此感兴趣； 层次二：反复欣赏视频，跟随学习动作； 层次三：播放视频，一同随乐舞蹈

集体教学活动

第一周		第二周	
1.	水娃娃回家（语言）	1.	和水宝宝玩游戏（科学）
2.	大海里的鱼儿（美术）	2.	运水（体育）
3.	小红纸船沉了（科学）	3.	我爱喝水（健康）
4.	船的里面和外面（数学）	4.	会哭的水龙头（社会）
5.	大雨和小雨（音乐）	5.	它们都变了（科学）
第三周			
1.	制作冰块（科学）		
2.	冷饮不多吃（健康）		
3.	玩水真快乐（社会）		
4.	水宝宝变魔术（美术）		
5.	水会变（语言）		

… 第一周　活动一　水娃娃回家（语言）

活动目标

1. 了解故事内容，熟悉主要角色，知道故事的名字。
2. 能安静倾听老师讲故事，说出"水娃娃""小鹿"等角色名称，学说短句"我给你……我给你……"。
3. 感受水娃娃想念妈妈的情感，喜欢和同伴一起听故事。

活动准备

物质准备：故事相关PPT（含水娃娃、小鹿、青蛙、青鱼图标及雪山、溪流、河流、湖泊、海洋的背景图）或视频；播放设备。

经验准备：幼儿具有简单的表述能力。

活动过程

一、看PPT，引发听故事兴趣。

教师：小朋友，你们好！我是"水娃娃"，你们见过我的妈妈吗？我要去找我的妈妈。

二、听故事，了解内容，熟悉主要角色。

教师："水娃娃"找不到妈妈，她心里很着急。可是，她的妈妈在哪里？我们仔细听故事帮助"水娃娃"找妈妈。

1. 听教师讲故事，初步感受故事。

教师：你听到了什么？"水娃娃"是从哪里来的？谁是她的妈妈？

师幼小结："水娃娃"从雪山上来，要去找她的海洋妈妈。

2. 借助PPT，再次听教师讲故事，理解故事内容。

教师："水娃娃"找海洋妈妈，一路上她到过哪里？遇见了谁？

师幼小结："水娃娃"来到溪流遇见小鹿，来到河流遇见青蛙，来到湖泊遇见青鱼，他们喜欢"水娃娃"，都想把她留下来。

3. 师幼互动，学说短句"我给你……我给你……"。

教师：小鹿、青蛙、青鱼他们想留下"水娃娃"，他们分别对"水娃娃"说了什么？我们一起来学一学。

三、观看视频或PPT，感受"水娃娃"对妈妈的情感。

教师：小动物们都喜欢"水娃娃"，可是为什么不管小动物们怎么说，"水娃娃"都不愿意留下来呢？"水娃娃"对小动物说了些什么？我们来学一学。

师幼小结:"水娃娃"想念海洋妈妈,就像我们爱自己的妈妈一样,她要回到妈妈温暖的怀抱。

附故事:

水娃娃回家

金色的太阳照耀着雪山,"叮咚",一个水娃娃从山上跳了下来。

水娃娃顺着山往下跑,她看见了一条欢快的小溪流。小鹿喜欢在水里洗澡,想请水娃娃留下来。小鹿说:"我给你红花,我给你绿草……"水娃娃回答说:"谢谢你,可是我想念我的海洋妈妈!"

水娃娃继续向前跑,她看见一条宁静的河流。青蛙喜欢在河里游泳,想请水娃娃留下来。青蛙说:"我给你荷叶,我给你柳梢……"水娃娃回答说:"谢谢你,可是我想念我的海洋妈妈!"

水娃娃继续向前跑,她看见了一个美丽的湖泊。青鱼喜欢在水里划水,想请水娃娃留下来。青鱼说:"我给你卵石,我给你水泡……"水娃娃回答说:"谢谢你,可是我想念我的海洋妈妈!"

水娃娃跑呀跑,跑呀跑,终于回到了海洋妈妈的怀抱。

活动二 大海里的鱼儿(美术)

活动目标

1. 欣赏海底世界,感受大海里的鱼儿是多姿多彩的。
2. 尝试粘贴小鱼,使用波形海棉棒滚印海水的方法表现大海。
3. 大胆使用绘画材料,体验活动中的快乐。

活动准备

物质准备:海底世界视频、PPT;每人一张A4黑色卡纸,用橘黄色、黄色、草绿色等多种颜色卡纸做成的大小不同的小鱼;波形海绵棒人手一个;蓝色水粉颜料、湿毛巾每桌一个。

经验准备:幼儿会使用胶棒粘贴。

活动过程

一、看PPT,调动已有经验。

教师:"水娃娃"最后找到海洋妈妈了吗?海洋妈妈是什么样的?

二、欣赏PPT,丰富经验,了解大海里的鱼儿是多姿多彩的。

教师：看到大海你有什么感觉？你知道大海里有些什么？

师幼小结：大海里有各种美丽的生物，大海是广阔美丽的。

教师：大海里的鱼儿真多，它们是什么样的？

师幼小结：大海里的鱼儿有各种形态、颜色，有的大、有的小，多姿多彩。

三、学习粘贴小鱼，用波形海棉棒滚印海水的方法表现大海。

教师：这么多五彩的小鱼，你喜欢哪个？用胶棒涂抹背面，把它们牢牢地贴在黑色卡纸上吧。用这个神奇的海绵棒蘸上蓝色的颜料在卡纸上滚动，你看，小鱼游进大海了。你想来试一试吗？

四、幼儿自由操作。

幼儿选择自己喜欢的小鱼，贴在卡纸上。大胆尝试用海绵棒滚印海水波浪，呈现大海。

五、交流分享，欣赏评价。

鼓励幼儿发现同伴作品美的地方，发现自己和同伴不一样的创意。

活动三 小红纸船沉了（科学）

活动目标

1. 观察两种材质的纸船在水里的变化，感知"浮"和"沉"现象。
2. 尝试用清楚的语言说出自己的发现。
3. 喜欢动手探究，体验发现的乐趣。

活动准备

物质准备：水盆一组一个；红色打印纸和红色蜡笔涂色纸折成的小红船，多于幼儿人数两倍。

经验准备：幼儿听过《小红船看海》的故事；幼儿日常在美工区使用过不同材质的纸，能识别材料。

活动过程

一、绘本《小红船看海》导入活动。

教师：小朋友用纸折了一只小红船，小红船顺着溪流进入大河、湖泊，开进大海去看海了。小红船真的能开进大海里吗？今天我们也来选一只小红船，做个实验，看看小红纸船放进水里会怎样。

二、观察、选择不同材料制作的小红船做实验，感知船在水中的"沉"和"浮"。

1. 观察小红船的特征。

教师：看一看，筐里的小红船是什么样子的？它们一样吗？

师幼小结：小红船都是红色的，不同的是有的是红色打印纸做的，有的是用红色蜡笔涂的画纸做的。

2. 猜测小红船放进水里的状态。

教师：你喜欢哪种小红船？请你选一个只小红船，猜猜看，如果把它放进水里，会怎样？幼儿自由讨论。

3. 幼儿自己选择一只小船放进水里观察变化，教师记录过程，师幼交流发现。

教师：你看到你的小红船怎么了？它有什么变化？

教师和幼儿交流发现。

师幼小结：小红船放进水里，有的很快湿了并沉到水里，有的浮在水面，慢慢变得潮湿。

4. 再次操作，感知"沉"和"浮"的现象，发现小红船因制作材料的不同，放进水里会有不同的变化。

教师：那么究竟是哪种小红船浮在水面上的时间更久呢？是红色打印纸折成的小红船还是红蜡笔涂色的小红船呢？请你们自己再去试一试，仔细看一看。

师幼小结：原来，大家都发现红蜡笔涂色的小红船放进水里浮的时间更长。

三、提出问题，引发思考。

教师：为什么红蜡笔涂色的小红船放进水里浮的时间更长呢？有什么小秘密呢？我们一起来仔细看看你的小红船，想一想吧。

教师小结：红蜡笔涂色小红船，上面有一层蜡质，可以隔离纸吸水或降低纸吸水的速度，所以浮在水里的时间更长一些。

活动四　船的里面和外面（数学）

活动目标

1. 感知和区分船的"里面"和"外面"。
2. 尝试用语言清楚表达方位和船的数量。
3. 积极参与活动，体验数学游戏的快乐。

活动准备

物质准备：

1. 教具：PPT"小船的里面和外面"；数字 5 以内的点卡和数卡。

2. 学具。

第一、二组"装饰小船"，日常在美工区完成的小纸船，任务卡（图示说明在纸船里面和外面各贴上什么款式的贴花2～5朵）与任务卡上同款贴花。

第三、四组"数一数"，操作卡（内容为小房子里面有2只小猫、外面有1只小狗，小车里面有1只小鸡、外面有4只小鸭，小船里面有2只青蛙、外面有3只，农场里面有4只绵羊、外面有3只小猪）、点子印章。

第五组"给小船排队"，排序红旗图底板若干，从大到小数量在5以内的小船、小车、小动物图卡。

第六组"看数卡或点卡放实物卡"，1～5的数卡或点卡、实物卡、分类盒。

经验准备：幼儿有感知5以内数的经验，会分组操作。

活动过程

一、出示"船"的图片，感知5以内的数量。

教师：图片上有什么？有几条船？让我们一起来数一数。

（海面上有2条船）

教师：这两条船一样吗？请你给它俩起个名字。

教师小结：这两条船一个大，一个小，一个是红色，一个是绿色。我们喊它们大红船、小绿船。

二、感知船的里面和外面，5以内的数量。

1. 观察画面中船的里面和外面有什么。

教师：仔细看，船的里面有什么？船的外面有什么？

幼儿自由讨论并回答。

教师小结：大红船里面有鱼，小绿船里面也有鱼。大红船外面有救生圈，小绿船外面也有救生圈。

2. 观察、感知大红船和小绿船里面的鱼和外面的救生圈的数量。

教师：大红船和小绿船的里面分别有几条鱼？外面分别有几只救生圈？

教师：大红船里面有4条鱼，小绿船里面有3条鱼。大红船外面有2个救生圈，小绿船外面有1个救生圈。

3. 操作活动，感知里外和5以内的数量。

第一、二组：装饰小船。

游戏玩法：请按任务卡所提示的花样和数量给小纸船的里面外面贴花装饰。

第三、四组：数一数。

游戏玩法：请按操作单的要求，数一数小船、房子、车辆等的里面有几个小动物、外面有几个小动物，并盖上数字印章或点子印章计数。

第五组：给小船排队。

游戏玩法：请在红旗图底板上给小船排序，按从大到小或从小到大的顺序排列。

第六组：看数卡或点卡放实物卡。

游戏玩法：看1~5的数卡或点卡，在分类盒中摆放同样数量的实物卡。

三、评价活动。

师幼讨论，对完成操作后能自己整理收拾材料的幼儿给予积极肯定，同时对出现的问题及时讨论。

活动五　大雨和小雨（音乐）

活动目标

1. 感受乐曲中大雨和小雨的不同音色和节奏，尝试用铃鼓和小铃演奏表现。
2. 学习看指挥演奏，尝试用拍、摇铃鼓和敲小铃的方式随节奏表演。
3. 体验和同伴共同参与打击乐演奏的乐趣。

活动准备

物质准备：钢琴，图谱，铃鼓和小铃人手一个，PPT，将座位排成一个半圆形。

经验准备：幼儿接触过打击乐器，知道乐器的名称和使用方法。

活动过程

一、"听雨声"，导入活动。

教师：小朋友你听到什么声音？下大雨是怎样的？下小雨是怎样的？我们一起来用声音学一学，用动作做一做。

二、欣赏并演奏歌曲《大雨和小雨》。

1. 听教师清唱歌曲。

教师：这首歌的名字就叫作《大雨和小雨》，你听到歌曲里，大雨的声音是怎样的呢？（哗啦啦）小雨的声音又是怎样的呢？（淅沥沥）

教师：大雨和小雨的声音一样吗？我们一起来学一学！（幼儿边唱边配上动作表现下大雨、小雨）

2. 感知铃鼓和小铃的音色，为《大雨和小雨》选择乐器。

教师：这是铃鼓和小铃，听一听，它们的声音是怎样的？哪一个更像大雨，哪一个更像小雨？

（幼儿一起空手练习晃动手腕摇动铃鼓和两只食指相碰敲击小铃）

师幼小结：铃鼓的声音响亮更适合演奏下大雨，小铃声音清脆更适合演奏下小雨。

教师：哪里是大雨在唱歌，哪里是小雨在唱歌？我们一起看看图谱，说一说。（师幼观察图谱，感知歌曲结构）

3. 看图谱，用"摇"和"敲"的动作模拟演奏。

教师：我们用动作表演摇铃鼓、敲小铃，看着图谱来试着做一做。

4. 边看图谱边听歌曲，按大雨"哗啦啦"和小雨"淅沥沥"的节奏分别演奏。

教师：这次我们边听歌曲边看图谱，当听到"大雨哗啦啦"的时候，我们就"哗啦啦"地摇铃鼓，听到"小雨淅沥沥"的时候就"叮叮叮叮"地敲小铃。我们先试一试，再听着音乐做一做。

5. 听歌曲，看教师指图谱，分组演奏乐器。

教师：我们分成两组，一组拿铃鼓，一组拿小铃，一起演奏《大雨和小雨》。请看老师的指挥。

三、拓展经验，结束活动。

教师：铃鼓和小铃的声音听起来还像哪些东西发出的声音？

教师：生活中有很多有趣的声音听起来不一样，我们可以用不同的乐器演奏。

附：大雨和小雨

$1=D \quad \frac{4}{4}$

| 5 3 4 2 3 - | 5 3 4 2 3 - | 5 3 4 2 5 3 4 2 | 5 3 4 2 1 1 1 |

大雨 哗啦啦， 小雨 淅沥沥， 哗啦啦 淅沥沥 大雨 小雨 快快下，

| 6 6 5 5 5 4 | 3 3 3 4 5 - | 6 6 5 5 5 4 | 3 3 3 4 2 - |

大雨 哗啦啦， 小雨 淅沥沥， 大雨 哗啦啦， 小雨 淅沥沥，

| 5 5 5 3 5 5 5 3 | 4 4 4 2 4 4 4 2 | 5 3 4 2 1 1 1 |

哗啦啦， 哗啦啦， 淅沥沥， 淅沥沥， 大雨 小雨 快快下。

附：大雨和小雨

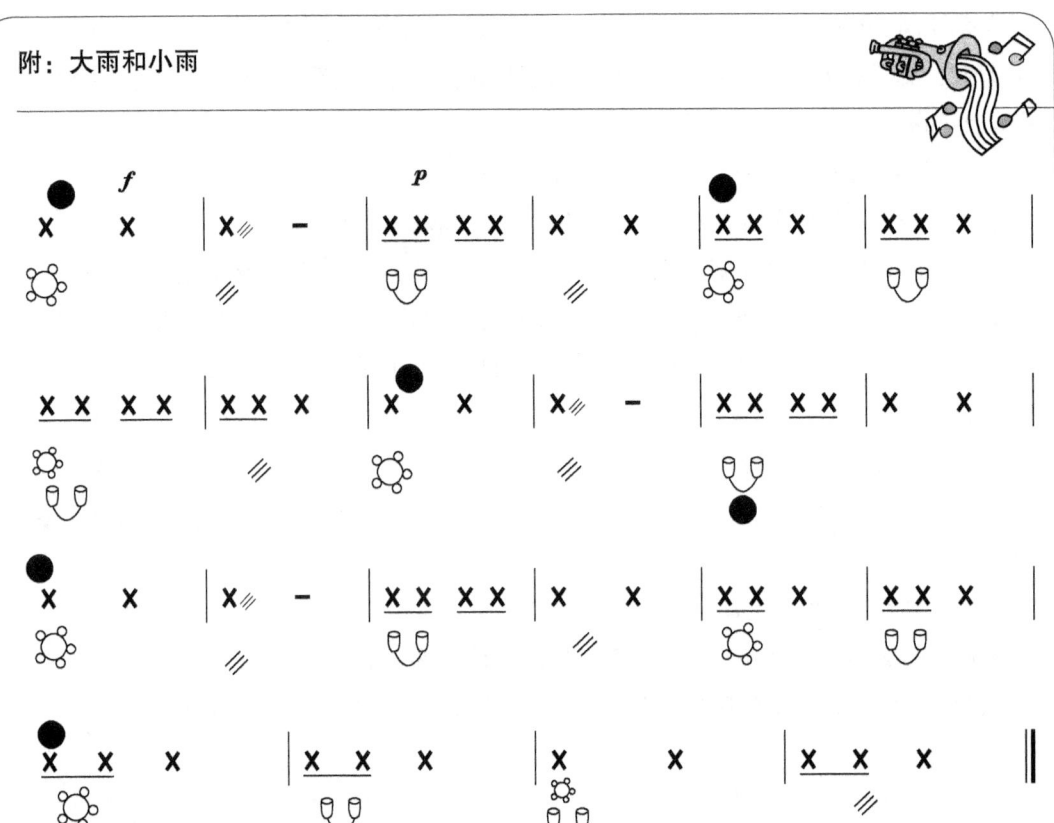

第二周　活动一　和水宝宝玩游戏（科学）

活动目标

1. 通过游戏感知水的特性，知道水是透明、无色、无味、会流动的。
2. 能边玩边发现水在手中的变化，尝试用语言说出自己的发现。
3. 喜欢探究活动，体验游戏的乐趣。

活动准备

物质准备：可以装水的区域或器皿，如户外戏水池、大水盆；玩水的工具，如水桶、海绵、小瓶、小碗、小盆、小筐、水枪、针筒、塑料袋、毛巾、塑料小鱼若干只；幼儿准备好方便更换的衣服、防滑防水的鞋子和大毛巾。

经验准备：幼儿认识这些常见玩具，能说出名称。

活动过程

一、观察工具，导入活动。

教师：你看，这些是什么？可以用来做什么？对，今天我们就来和"水宝宝"玩游戏。

二、和"水宝宝"玩游戏，感知发现水的特性。

1. 师幼讨论怎样和"水宝宝"玩游戏。

教师：这里有两大盆水，还有这么多玩具，你准备怎样玩？

教师小结：你们想到的玩水点子真多，有的要用小盆、小瓶盛水玩，有的要用海绵、毛巾玩水，还有的想要玩水枪，不过水枪和针筒不能对着人喷哦。在潮湿的地面走路要慢些，防止滑倒。

2. 幼儿自由玩水，师幼交流。

教师：你刚刚是怎样玩的？用什么玩具玩的？你发现什么了？

教师小结：玩水的时候，我们发现水会从小筐的网眼中漏出来；水能被水枪、针筒吸进去，也能喷出来；水能从一个小瓶中灌进去，还能倒出来；当我用手抓水的时候，水会从指缝里溜走，原来水会流动。

3. 再次自由玩水，感知发现水的特性。

教师：这次你可以换个玩具玩一玩，看看有没有新发现。

教师小结：空的塑料瓶放进水盆里会浮在水面，当灌满水了，它们就会沉下去，小盆装上水也一样。水里有浮力。透过装满水的塑料小瓶能看到瓶子后面的人和东西，说明水是透明的。水没有形状，装在瓶子里就是瓶子的形状，装在小盆里就是小盆的形状。水没有颜色，没有气味，凉凉的。

三、给小鱼送水，进一步感知水的特性。

教师：你们瞧，戏水池里的水太少了，小鱼都要渴死了，你们能把大盆里的水运到戏水池吗？有什么好办法呢？小鱼会感谢你们的！

师幼讨论运水的办法，之后幼儿自由操作，把水盆里的水运到戏水池里。

四、观察小鱼在戏水池玩耍，体验成功感。

教师：你们看，小鱼摇摇尾巴、游来游去真开心啊！

活动二 运水（体育）

活动目标

1. 尝试用海绵、小盆等不同工具运水，注意不能让水洒出来。
2. 在运水中，发展走、跑动作的协调性以及平衡能力。
3. 积极参与活动，感到运动的有趣。

活动准备

物质准备：人手一块海绵，相同大小的脸盆4个，小桶4个，尺子一把。

经验准备：幼儿知道工具的名称和用途。

活动过程

一、开始部分：热身运动《小动物模仿操》。

教师：天气真热，小动物们都出来找水喝了。小动物们，我们一起走出来吧。

教师根据走、跑、上肢、下肢、全身的顺序带领幼儿做热身操。

二、基本部分：玩游戏"运水"。

1. 幼儿人手一块海绵，自由探索海绵的玩法。

教师：这是什么？（海绵）海绵是怎样的？捏一捏有什么感觉？（软软的）

想一想，你可以怎样玩呢？（捏、扔、抛接等）

2. 幼儿自由分散玩海绵，教师观察，具体指导。

3. 展示小动物头饰，引入情境，首次尝试用海绵运水。

教师：看，小猪、小羊、小牛、小马它们都没有找到水喝，我们这里有几桶水可以帮助它们。可是水桶太重了，我们怎样能把水运给小动物们喝呢？

教师：想一想，你们手上的海绵能不能帮上忙？请你们试一试。

幼儿尝试用海绵运水给场地另一端的小动物，尝试、探索用海绵吸水、挤水的方法。

4. 尝试用海绵运水到小盆里，再接着运送到小动物终点那一端。

教师：哎呀，你们看海绵运水路途遥远，路上都漏下了好多水，看来我们得在路程中间建一个"中转站"（教师出示小盆），我们一、二组的小朋友把海绵的水先挤到小盆里，然后三、四组的小朋友端着盛了水的小盆接着运送到小动物那里去。

5. 玩游戏：运水。

游戏规则：全体小朋友分成A、B两组，A组和B组再分成两部分，一部分小朋友在起点先跑，用海绵吸水，另一部分小朋友在中途持小盆等待。先跑的小朋友用海绵将小桶里的水吸满，跑至路线中间将水挤在小盆里，然后拿盆的小朋友把小盆里的水运到对面空的脸盆里倒下，看看哪一组的小朋友运的水多，而且速度快。

根据幼儿情况可以玩3~4次，教师根据具体情况进行指导。

三、结束部分：放松活动。

跟随舒缓的音乐做放松活动"我是海绵宝宝"，尝试模仿海绵宝宝的特性做收紧和舒展身体的动作。

活动三 我爱喝水（健康）

活动目标

1. 知道口渴的时候要喝水，愿意自己主动喝水。
2. 通过观看交流、大带小、实践操作等活动，学习在喝水后使用"水环"，愿意告诉爸爸妈妈自己喝水的情况。
3. 感受和哥哥姐姐一起活动的乐趣。

活动准备

物质准备：茶杯、塑料环、PPT、图片一组、视频片段。

经验准备：幼儿对喝水有初步的了解。

活动过程

一、欣赏PPT，唤起幼儿喝水的经验。

1. 教师：这是谁？他们（它们）在干什么？
2. 教师小结：小动物要喝水，小花、小草要喝水，小朋友也要喝水。

二、通过交流和观看图片，知道在口渴的时候要喝水。

1. 师幼讨论：在幼儿园里，我们什么时候去喝水？

（先请小班幼儿说一说，再请大班哥哥姐姐说一说）

2. 教师根据幼儿的发言，逐一出示图片。
3. 结合图片进行小结：当我们感到口渴的时候就要去喝水。每天锻炼结束、下午起床以后、学完本领玩游戏的时候，想喝水了就去喝。

三、观看视频片段，学习在喝水后使用"水环"。

1. 观看视频，师幼交流。

教师：你在幼儿园是自己去喝水，还是要老师提醒呢？每天喝水以后，回家会不会告诉爸

爸妈妈呢？怎么说的呢？（老师扮演妈妈，和幼儿进行语言互动）

2. 出示"水环"，学习"水环"的使用方法。

教师：这是什么？有什么用呢？

请大班哥哥姐姐介绍"水环"的使用方法。

教师小结：每次喝水的时候，我们可以挂上水环奖励自己。回家以后，还可以告诉爸爸妈妈自己喝了几次水。

四、幼儿自由喝水，操作挂"水环"。

1. 幼儿自由喝水，并试一试在喝水后挂上"水环"奖励自己。

2. 邀请哥哥姐姐教弟弟妹妹怎样挂"水环"。

活动延伸

1. 在每次幼儿喝水后，教师要提醒幼儿使用"水环"，并鼓励幼儿在离园的时候，邀请爸爸妈妈来看看自己喝水的情况。

2. 鼓励幼儿在活动中主动饮水，并注意正确地接水，不浪费。

活动四　会哭的水龙头（社会）

活动目标

1. 知道干净的水在人们的生活中很重要，要节约用水。
2. 能感受到水的重要性，在喝水、洗手的时候关紧水龙头。
3. 对干净的水产生爱护的情感，愿意珍惜水资源。

活动准备

物质准备：PPT；茶桶，温开水，水杯人手一只；两盆清水；脏毛笔；干渴的花草，浇花的水壶；抹布。

经验准备：在日常生活中幼儿能自己洗毛笔、喝水、浇花。

活动过程

一、寻找水声，进入情境。

1. 教师播放PPT，幼儿倾听"哗哗"的流水声音。

（1）教师：听，这是什么声音？（下雨、流水的声音）

看PPT，欣赏故事《会哭的水龙头》。

教师：原来是水龙头没关上，清水哗哗地流着，水龙头哭了。

（2）教师：贝贝家的洗手池有一个漂亮的水龙头，每天贝贝都会打开它，干净的清水就会从里面流出来，贝贝用清水洗手、洗脸，可是之后却常常会忘记关紧水龙头，干净的清水哗哗地流着，好可惜啊！水龙头心疼地哭了。

二、讨论交流，知道水在人们的生活中很重要，要节约用水。

1. 讨论干净的清水的用处。

教师：干净的清水可以做什么？（喝水、洗衣、做饭、浇花、洗澡、给小金鱼换水等）

教师：干净的水能做很多的事情哦。这里有你们早上在美术区用过的脏毛笔，怎样把它们变干净？这是自然角里干渴的花草，它们需要什么？我们说了好多话口渴了怎么办？

2. 幼儿自主操作，体验干净的水的用处。

幼儿分组体验：用干净的水清洗脏毛笔、浇灌花草，饮用白开水解渴。

3. 感受干净的水很宝贵。

教师：我们用干净的水洗毛笔，干净的水变成什么样了？我们用干净的水浇花，干净的水到哪里去了？我们喝下了干净的水，水壶里还有没有水了？

教师小结：用干净的水洗毛笔，毛笔洗干净了，水却脏了；用干净的水浇花，花草不干了，水却没有了；我们喝下了干净的水，水壶里的水没有了。干净的水真的很宝贵！用了就没有了，我们一定要珍惜它。

三、寻找"会哭的水龙头"，在情境中关紧水龙头。

教师：在我们的身边，有没有"会哭的水龙头"呢？你在哪里见到过？我们一起来找一找。

1. 教师演示PPT，拓展经验，发现家里的厨房、卫生间，幼儿园班级洗手池、茶水桶，肯德基的洗手池都有"会哭的水龙头"，教师与幼儿互动，演示PPT，关紧水龙头。

2. 再次体验，巩固经验。教师带领幼儿把水盆里的脏水倒掉，把用过的水盆和喝过水的杯子洗干净，提醒幼儿记得关紧水龙头。

活动五　它们都变了（科学）

活动目标

1. 观察、感知木耳、菊花在水中膨胀变化的现象，知道有些物体放在水里会发生变化。
2. 尝试用自己的语言说出发现。
3. 对水的相关探究活动有好奇心。

活动准备

物质准备：一次性塑料杯人手一个，盘子若干（内装黑木耳、白木耳、菊花茶叶），PPT，抹布。

经验准备：观察过糖和盐放入水中溶解的现象。

活动过程

一、教师出示一勺糖，引导幼儿猜测放入水中的变化，导入活动。

教师：这是一勺糖，我把它放进这杯清水里会怎样？（会溶解）

教师将一小勺白糖放进透明杯的清水里，幼儿观察。

教师：糖在水里溶解了。那么，把盐放进清水里会怎样？

二、展示黑木耳、白木耳、菊花茶叶，猜测并实验它们在水中的变化。

1. 感知黑木耳、白木耳和菊花茶叶的外形特征。

教师：你认识它们吗？你能说出它们的名字吗？说说看，它们是什么样子的？

幼儿拿起小盘中的黑木耳、白木耳和菊花茶叶进行观察。

教师小结：黑木耳是黑色的，白木耳是白色的，它们都是硬硬的、脆脆的，像聚在一起的小耳朵。菊花茶叶是一朵朵干了的菊花，有一股清香的气味。

2. 猜测黑木耳、白木耳和菊花茶叶放进水里的变化。

教师：如果把它们放进水里会怎样？（幼儿猜测，教师用图标记录）

教师小结：有的小朋友认为它们放到水里会化了，水会变颜色；有的认为不会，会有别的变化。究竟有什么变化呢？我们来试一试。

3. 幼儿自由选取一种物品操作实验，感知它们在水中膨胀的现象。

幼儿操作，教师重点引导幼儿观察物品在水中的变化。

三、对比黑木耳在水中的变化，共同讨论膨胀现象。

教师：黑木耳在水中变了吗？变成什么样？（开花、变大）白木耳呢？菊花茶叶有了什么变化？和你们想到的一样吗？

教师：它们为什么会变大？（喝了好多的水）

教师：我们把它们拿出来摸一摸，有什么感觉？（滑滑的、软软的）

教师小结：原来干干的、硬硬的黑木耳、白木耳和菊花茶叶放在水里并没有溶解，它们变大、变软了，发生了膨胀现象。

四、观看PPT，讨论，拓展经验。

教师：还有什么东西也像它们一样，在水里会膨胀？

教师播放PPT，当幼儿说出来即出示相应的物品图片。

教师：你们回家后可以跟爸爸妈妈一起找一找、试一试，然后把你的发现和老师、其他小朋友说一说。

第三周 活动一 制作冰块（科学）

活动目标

1. 感知冰块的冷、硬及遇热化成水的特性。
2. 尝试看看、摸摸和尝尝，学习用准确的语言说出感受和发现。
3. 喜欢操作，对水和冰的变化好奇。

活动准备

物质准备：提前用白开水冻好的冰块人手一个，放在小碗里；抹布若干；不同形状的制作冰块的模具（方形、圆形等多种形状）人手一份；果珍粉；小杯和小勺，一壶温开水。

经验准备：幼儿能说出冷和热，知道冰箱的用途。

活动过程

一、玩冰块，感知冰块的特性。

教师：现在是什么季节？天气越来越热，我给你们带来一件礼物，猜猜是什么。

教师分发冰块，幼儿自由玩冰。

教师：原来小礼物是冰块，冰块是什么样的？放在手里有什么感觉？

教师小结：冰块是硬硬的、凉凉的，没有气味和味道，有的冰是透明的，有的冰是白色的，摸上去滑滑的。

二、感知冰遇热会融化成水，猜测冰块的制作方法。

1. 感知遇热融化的现象。

教师：请你握紧手心里的小冰块，用力握住，你发现冰块有什么变化？

教师：当你对着冰块哈气的时候，你看到了什么？感到冰块有什么变化？

教师小结：当冰块握在我们手心里，或我们对着冰块哈热气的时候，它就会有水流出来，冰块会慢慢变小，最后都变成了清水。冰块遇热就融化变成了水。

2. 师幼讨论，猜测冰块的制作方法。

教师：你们还想和冰块做游戏吗？冰块变成了水，水能不能变成冰块呢？怎么变成冰块的呢？

教师：看来你们都认为让水结冰就有了冰块，我们来试一试。

三、熟悉工具，动手制作冰块。

1. 观察工具，讨论制作冰块的方法和冰块的作用。

教师：你觉得制作冰块需要什么？

教师：看，这里有一些模具可以帮助我们。说说看，怎样用它们制作一个冰块呢？

师幼小结：做冰块需要水、冰箱，还要有模具。先把水倒进模具里，再把它放进冰箱的冷冻室里，过一段时间冰块就冻好了。

教师：做好的冰块有什么用处？

教师小结：冰块可以医用，就是在我们生病发烧的时候可以用来降温，受伤的时候可以冷敷减轻疼痛；也可以食用，在夏季，饮料中放进冰块喝起来很凉快，也可以自己制作刨冰、沙冰来吃，不过不能多吃，不然会受凉肚子痛。

2. 幼儿自主选择不同形状的模具，做自己喜欢的冰块。

教师：你想做一个什么形状的冰块？你决定选择哪一种形状的模具？

教师：如果要做彩色的可以吃的冰块，应该怎么做呢？

幼儿操作，教师根据情况具体指导，引导幼儿按自己的想法去制作冰块。

教师小结：我们选一个自己喜欢的形状的模具，再选择一种自己喜欢的口味的果珍粉，把冲泡好的果珍饮料倒进模具里，然后放进冷冻室冷冻，自己喜欢的口味的冰块就制作好了。

3. 猜想冰块冻好所需的时间，等待结果。

教师：猜猜看，把它们放进冰箱会怎样？需要多长时间才能冻好？我们用一个计时器看一看结果吧。

活动二　冷饮不多吃（健康）

活动目标

1. 知道贪吃冷饮的危害，知道天热喝白开水、绿豆汤更解暑、更健康。
2. 能在游戏情境中选用适量的冷饮和夏季健康饮品。
3. 愿意听从成人建议，养成良好的饮食习惯。

活动准备

物质准备：夏季食品实物卡（蛋筒、雪糕、冰激凌、冰西瓜、绿豆汤、矿泉水等食物的卡片），PPT。

经验准备：幼儿有吃过冷饮的感性经验。

活动过程

一、设置游戏情境"夏天你爱吃什么"，唤起幼儿已有经验。

1. 教师：炎热的夏天到了，你最爱吃什么食物呢？请你到我的食品店里来选一选。

2. 幼儿到食品店选择夏季食品（蛋筒、雪糕、冰激凌、绿豆汤、矿泉水等食物的卡片）。

教师：看一看，你们都选了什么食品？（幼儿介绍食品名称）这些食物吃起来是什么感觉？（冷冷的、冰冰的）这些凉凉的、冷冷的食品我们叫它们什么呢？（冷饮）

3. 教师：为什么你们喜欢吃这些冷饮呢？（可以降温，使人不会那么热，让人感到舒服）

教师小结：冷饮冰冰凉，很多宝贝都认为夏天热，吃些冷饮能够感到凉快，可以降温解暑。

4. 教师：冰冰凉的冷饮能吃多吗？为什么？（听幼儿讲述理由）现在我们就来听一个故事。

二、观看PPT，知道贪吃冷饮的害处，学习正确地吃冷饮。

1. 幼儿听故事《贪吃冷饮的胖胖熊》。

2. 讨论贪吃冷饮的危害，知道一天只能吃一个冷饮。

教师：胖胖熊怎么了？为什么会这样？（幼儿猜测原因）

3. 幼儿观看PPT，听医生对胖胖熊的诊断。

医生：夏天，适量地吃点冷饮可帮助身体降温。但是，贪吃冷饮就会有危险！因为夏天我们的身体是热的，冷饮是冰的，一次吃下太多冷饮就会刺激、伤害肠胃，引发肚子疼等一系列症状，严重的还会肠胃大出血，很危险！

4. 讨论如何适量地吃冷饮。

教师：那么什么叫适量地吃冷饮呢？适量是多少？（幼儿讨论）我们来听听医生是怎么说的。

医生：一天吃一次冷饮，每次吃一个就是适量吃冷饮。

教师：看看你们刚才选择的冷饮是不是适量的，把多选的冷饮还回我的食品店来吧。

幼儿将前面多选的冷饮还回食品店。

5. 教师小结：贪吃冷饮伤肠胃，而且看起来很漂亮的冷饮里有不少食品添加剂，多吃不仅会引起肥胖还有可能让人生病。

三、拓展经验，了解夏天健康的食品。

1. 教师：在夏季，有哪些健康食品可以降温解暑？

2. 幼儿观看PPT，丰富经验。

3. 教师：看看我的食品店里的其他好东西，欢迎你们来品尝。

教师一一展示夏季健康消暑的食品（实物）：白开水、绿豆汤、酸梅汤。幼儿自由选择少许品尝。

教师小结：夏天最好的饮料是白开水、绿豆汤、酸梅汤，因为它们能帮助身体快速补充水分且不含有害物质，是值得推荐的自然、健康的夏季食品。

附故事：

贪吃冷饮的胖胖熊

夏天的太阳火辣辣，汗珠儿一串串从脑门上滚落下来，动物城的冷饮店生意火爆起来了，小动物们都来买冷饮，小狗买一根冰棍，小猫买一根雪糕，小羊买一个蛋筒，小猪买一个冰激凌，只有胖胖熊买了各种冷饮，有冰棍、雪糕、蛋筒、冰激凌，好多好多，装了满满一盘。大家坐在冷饮店里一小口一小口地品尝起来，都觉得凉爽、舒服，只有胖胖熊大口大口地吞进了很多冰冷的食物。忽然，胖胖熊捂着肚子叫起来："好痛！好痛！"他疼得满地打滚，大家赶紧把他送进医院看急诊。

参考资料：
吃冷饮需要注意什么？
1. 不宜食用过量。食用冷饮过量，轻则胃胀难受，重则引起消化不良或胃肠炎、腹泻等。
2. 不宜种类太杂。食用的冷饮种类太杂，相互交叉，对身体有害。儿童夏季吃冷饮，尤要注意节制。
3. 不宜大汗后暴食。大汗之后暴食，会刺激血管和皮肤收缩，引起"闭汗"，不仅不能很快地补充和调节体内水分和盐类，反而会冲淡胃液，从而导致胃肠道疾病。
4. 慢性病患者不宜滥饮。慢性支气管炎、哮喘、冠心病患者，不宜滥饮。同时，要注意选择甜度适中的品种，有节制地饮用，以免诱发疾病。
5. 空腹不宜暴食。空腹状态下暴食各种冷冻食品很容易刺激胃肠发生挛缩，久之将导致各种酶促化学反应失调，诱发肠胃不适等疾病。

活动三　玩水真快乐（社会）

活动目标
1. 了解玩水游戏，知道夏天里有很多有趣的玩水游戏。
2. 能在玩水游戏中自己选择游戏并和同伴愉快游戏，注意安全。
3. 喜欢参与集体活动，体会与大家在一起玩的快乐。

活动准备
物质准备：玩水的泳衣或者雨衣；水枪、水盆、水桶等玩水的玩具；各自准备浴巾和玩水的鞋子；戏水池水位盖过幼儿脚踝；教师准备拍照和录视频的设备。

经验准备：幼儿和爸爸妈妈玩过水，会使用玩水玩具。

活动过程

一、观察图片，导入活动。

教师：这是哪里？（戏水池）在这里我们可以做什么？（玩水）你想怎样玩水？（幼儿自由表述）

二、初步计划，讨论怎样玩水。

1. 讨论玩水前的准备。

教师：玩水前我们需要准备什么？（方便更换的服装，玩具、浴巾）

2. 讨论玩水的游戏。

教师：有哪些玩水的游戏很好玩？（玩水枪、打水仗、玩具的浮沉等）

3. 讨论玩水的伙伴。

教师：你准备和谁一起玩？（幼儿自由讲述）

4. 讨论玩水的注意事项。

教师：玩水时需要注意些什么？（不往其他小朋友头上、脸上泼水，不能跑，要慢走，小心滑倒）

教师：我们都想好了怎样玩水，和谁玩水，那么我们就一起出去玩水吧！要注意安全哦！

三、戏水池开展玩水游戏。

幼儿尝试自己换服装，必要时请老师帮助，带上自己准备好的水枪、水壶、小盆等玩水玩具到戏水池玩水。

教师鼓励幼儿和同伴大胆游戏，并为幼儿拍摄照片、视频记录。

四、观看录像，评价活动。

教师：刚才玩得开心吗？你刚才是和谁一起玩的？怎么玩的？说说看。

幼儿表述自己玩水的过程，教师及时肯定幼儿积极体验、大胆和同伴玩水的行为，对发现的行为问题及时讨论和指导。

教师小结：今天我们和朋友们一起玩水很开心。有的小朋友玩出了有趣的新游戏，有的小朋友和好朋友玩得很好，有的小朋友遇到了一些困难，但动脑筋想办法解决了。和朋友们在一起游戏真快乐！

活动建议

1. 如果气温较高可以换上泳衣、戴上泳帽玩水，如果气温不够高，可以穿上雨衣和雨鞋玩，晴天和雨天都可以玩水。

2. 玩水是一个真实的交往情境，在此过程中重点鼓励幼儿大胆交往和游戏，鼓励幼儿用语言沟通，体验与同伴共同游戏的愉悦情感。

活动四　水宝宝变魔术（美术）

活动目标

1. 感受、欣赏画纸吸附墨汁产生图案的过程，能根据图案进行大胆想象。
2. 学习用墨、水、吸管等材料进行水印画创作。
3. 体验艺术活动中的惊喜，激发想象力。

活动准备

物质准备：每人一个装有水的脸盆；一根吸管（用剪刀剪出斜头）；一张铅画纸，一张泥工板；每人一小碗墨汁。

经验准备：对工具熟悉，有使用经验。

活动过程

一、欣赏作品，导入活动。

欣赏吴冠中的抽象水墨画作品，对画面进行想象。

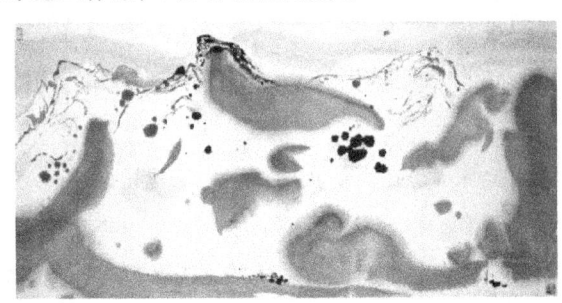

教师：看，这是一幅奇妙的画，它是我们的好朋友"水宝宝"和墨汁变出来的。看一看，画了什么？说给大家听一听。

教师：这是画家吴冠中爷爷画的，就像你们看到的，画家爷爷画了他看到的雪山，黑色的墨迹是山，白色的部分是山上的积雪，这是一幅用水和墨汁画成的图画，真漂亮！

二、欣赏同伴的水印画作品，感受画面视觉效果的美，想象画面内容。

1. 教师：小朋友觉得画家爷爷画得很好，也用墨汁和水画了很美的画。来看看，这幅画让你想到了什么？它哪里美？

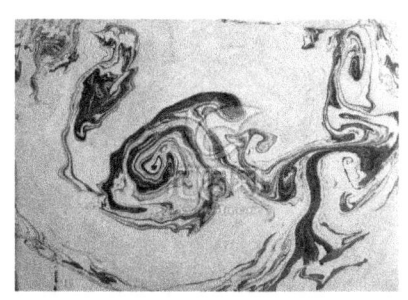

教师小结：这幅画让我们想到了水流、漩涡……画面中有各种各样的曲线，黑白分明，看起来很美。

2. 教师：这幅画让你想到了什么？它哪里美？

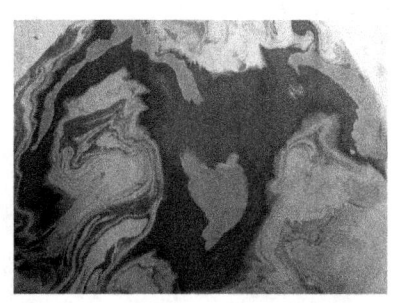

教师小结：这幅画看起来像海洋，像地球……它用的墨汁多一些，颜色深一些，还加了蓝色的颜料，色彩很美。

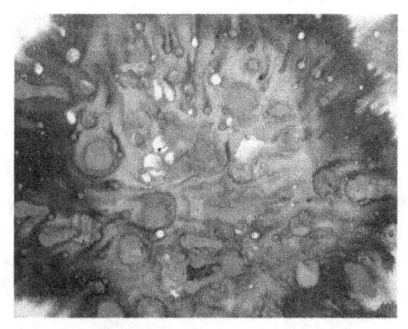

教师：这幅画加进了更多的颜料，它让你想到了什么？它哪里美？

教师小结：这幅画看起来像盛开的花朵，美丽极了！它用了红、黄、蓝、紫很多颜色，更加漂亮了。看了这么多画，你想知道这么漂亮的画是怎么画出来的吗？你想试一试吗？

三、借助实物展台，幼儿观察作画过程，学习技法。

教师：看看"水宝宝"是怎么变魔术的。

教师：每个盆里都有"水宝宝"，我们请一个宝贝来试一试。请你用吸管在盆里轻轻搅一下，然后用吸管的斜头舀一点墨汁，把它滴到盆里，我们可以看到墨汁在水里散开了，接着，我们拿起纸让它睡在水里，看！奇妙的图画变出来了！你还可以选择你喜欢的颜料滴在盆里，

主题活动四 和水宝宝玩游戏 | 125

这样就能变出彩色的图画了。你们来试一试吧。

四、幼儿作画,教师观察并指导。

教师:把水面上的纸轻轻地拿出,平铺在你的泥工板上,看看这一幅奇妙的画,它让你想到了什么?从不同的方向看看,还能看出它像什么?

五、欣赏作品。

教师:请你介绍一下你的画,给它起个名字,并说说它美在哪里。

活动五 水会变(语言)

活动目标

1. 观察画面,尝试用"水会变成……"的句式较完整地表述。
2. 能用简单的语言讲述画面内容,倾听并模仿学习他人的发言。
3. 乐意在集体面前讲述,愿意倾听。

活动准备

物质准备:PPT。

经验准备:幼儿在生活中观察过水的变化,阅读过相关的绘本(如《水会变》)。

活动过程

一、观察PPT,以"一滴小水珠"导入活动。

教师:它是谁?(一滴小水珠)它从哪里来?(天上、河里、大海中等)原来水有各种样子,水会变哦!

幼儿观察图片,讨论"水会变成什么"。

教师:水会变,水会变成什么?(幼儿结合生活经验自由发言)

二、观看PPT,观察画面,学习用"水会变成……"的句式表达。

1. 幼儿观察画面,简单描述看到的东西。

教师:你看到图上有些什么?水会变成什么呢?谁愿意来说一说。

幼儿看图自由表达,教师关注幼儿吐字发音是否清晰,鼓励幼儿大胆说出来。

2. 幼儿学习用"水会变成……"的句式表达。

教师:水会变成云朵,水会变成小溪,水会变成河流,水会变成湖泊,水会变成大海,水会变成各种各样的东西。

3. 看PPT,拓展经验。

教师：在我们生活中，水还可以做什么？（矿泉水、冰块、水蒸气等）请你说一说。

幼儿结合自己的生活经验，用"水可以做……"的句式反复说。

三、创设游戏情境，再次巩固经验。

幼儿用动作表现小水珠的变化，让同伴猜测，用"水会变成……"的句式表达，巩固经验。

教师：水会变成什么？请你们用动作做出来，让我们猜一猜。

四、幼儿欣赏图画上的诗歌，结束活动。

教师：水可以有各种各样的变化。我把你们说的话编成了一首好听的儿歌，一起来听一听吧。

附儿歌：

水会变

水会变，水会变。
水会变成小溪流，
水会变成大江河，
水会变成白云朵，
水会变成冻冰花，
变呀变，水会变。
水还会变成什么呢？
请你赶紧找一找。

主题活动五
小河马的牙

主题活动五
小河马的牙

主题意图

水晶糖和酸梅是小朋友们很喜欢的零食,那酸酸甜甜的味道,想着就让人流口水。小河马像每个贪吃的孩子一样,抵抗不了这甜蜜的诱惑,吃了很多糖和酸梅,还不爱刷牙,结果漂亮结实的牙齿都被蛀坏了,后来在医生的帮助下,小河马学会了要早晚刷牙,知道这样牙齿才会健康。

《小河马的牙》其实就是一个告诉孩子要爱牙护牙的故事。如何让孩子真正理解故事内容从而养成健康的行为习惯呢? 3~4岁是幼儿直觉行动思维阶段,他们更适合游戏化的学习方式。这个年龄段的幼儿还有一个普遍的心理特点:现实和想象的界限还很模糊。他们常常会把自己想象中和梦里发生的事当成现实生活中的。他们相信小河马会和他们一样每天刷牙;相信水晶糖姐姐和酸梅妹妹是真实存在的,当然还有图画中那些穿着黑衣服面目狰狞的大牙虫也是有的。为此,我们尝试用戏剧表演的方式,创设一个拟真的故事情境,让孩子通过扮演角色,真实地体会故事角色的心路历程,从而了解到多吃糖和不刷牙的坏处,继而养成健康的生活态度和行为。

在本主题活动中,我们和孩子一起读故事、编故事、演故事,引导他们尝试去发现问题、思考问题、解决问题,同时通过戏剧表演,鼓励幼儿运用已有的经验来表现生活中一些真实的或想象的情景,在活动中获得新的体验,建构新的知识经验,促进幼儿的语言、思维、想象力和艺术表现力的共同发展。

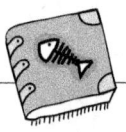

主题目标

健康:

1. 初步认识牙齿的构造,知道保护牙齿的常识,愿意每天早晚刷牙。
2. 知道饭后要用白开水漱口,并在教师的提醒帮助下养成饭后主动漱口的好习惯。

3. 熟悉剪刀、水彩笔等工具，尝试进行使用。

语言：

1. 喜欢阅读图画书，通过阅读，了解故事情节，体验主人公小河马的情绪变化。
2. 能在教师的引导下，尝试迁移原有生活经验，创编简单的对话来表述自己的想法。

社会：

1. 在戏剧活动中，尝试主动进行表演，体验戏剧表演的乐趣。
2. 在戏剧排练、制作道具等活动中能根据自己的兴趣选择活动。

科学：

1. 能感知物体的大小、长短等特征并进行排序。
2. 通过看看、摸摸、闻闻、尝尝等多种方式感知物体的特性。喜欢探索，尝试用简单的语言表达自己的发现。

艺术：

1. 学会听音乐的前奏、间奏，整齐合拍地做动作。愿意参加集体戏剧表演。
2. 感受乐曲不同的风格，能创编相应的身体动作来表现戏剧情节内容。
3. 初步尝试运用撕、剪、贴、折等方式制作戏剧表演的服饰或道具。

主题网络图

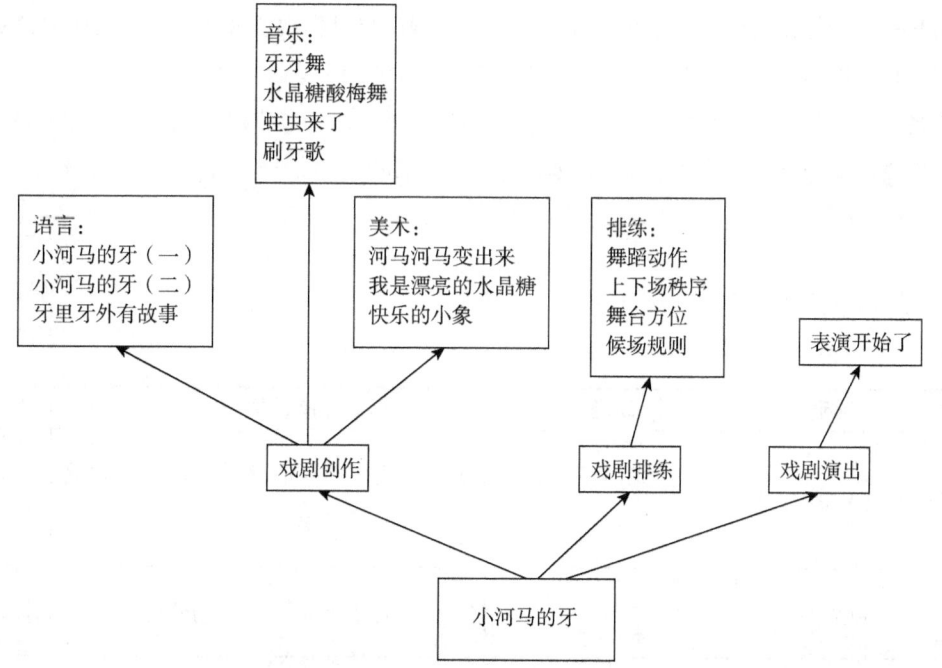

环境创设

1. 在主题墙上布置"今天你刷牙了吗?"的情境,鼓励幼儿养成每天早晚刷牙的习惯。
2. 将戏剧《小河马的牙》中的角色布置在主题墙上,并用简单的文字和幼儿的绘画表达幼儿对不同角色的认识。
3. 在主题区展示幼儿的角色选择表,让幼儿进一步熟悉自己所选的角色。
4. 在扮演区创设舞台的氛围,让幼儿在区域活动中进行表演,并制作演出海报张贴在扮演区。
5. 生活区张贴演出服装整理步骤图和分类标记,让幼儿学会自己整理和收拾演出服装。

三方互动

教师——充分利用幼儿园的教学资源,结合主题活动的安排,和幼儿一起创设班级的环境,准备主题墙的资料;创造各种机会,引导幼儿开展戏剧活动,协助幼儿完成各种艺术表现和创作活动,并及时把记录活动进展的文字和图片,通过一线通和博客及展板等形式反馈给家长,家园合作共同促进戏剧活动的顺利开展。

幼儿——能与家长合作进行戏剧排练,努力尝试用自己喜欢的方式表现、表达自己对角色的认识;能运用不同材料制作道具;在戏剧活动中能大胆表演。

家长——和幼儿一起收集关于如何保护牙齿的儿歌、图片等资料,积极配合班级开展戏剧活动,在家中能配合幼儿一起玩表演游戏,鼓励并帮助幼儿参与角色表演、对话创编。

特色活动

	活动	活动准备	指导要点	参与幼儿
安全教育活动	演出中的安全	结合排练的情境进行教育	知道在演出中要有序地上下场,注意不拥挤、不推搡	本班幼儿
户外活动	吹泡泡	吹泡泡工具,泡泡水	发现泡泡在阳光下的不同变化	本班幼儿

续表

	活动	活动准备	指导要点	参与幼儿
户外活动	彩虹伞	彩虹伞一个	能合作玩彩虹伞游戏	本班幼儿
语言活动	小熊宝宝刷牙	绘本《小熊宝宝刷牙》或PPT	通过阅读绘本知道吃完东西要刷牙	本班幼儿
	小熊不刷牙	绘本《小熊不刷牙》或PPT	通过阅读故事，知道刷牙的好处	本班幼儿
	狮子漱漱口	绘本《狮子漱漱口》或PPT	阅读绘本故事，了解故事内容	本班幼儿
	我喜欢书	绘本《我喜欢书》或PPT	阅读故事，观察图画中的内容	本班幼儿
音乐活动	蛀虫来了	乐曲	能随乐玩音乐游戏	本班幼儿
	糖果邀请舞	乐曲	能随乐做动作，感受乐曲优美的意境	本班幼儿
	刷牙歌	乐曲	能在学唱歌曲的基础上随乐表演	本班幼儿

区域活动

	活动与指导要点	幼儿关键经验	材料与层次
建构区	活动：戏剧小舞台 指导要点：利用架空、平铺、垒高等技能进行搭建	能用各种建构技能搭建小舞台	材料：各类积木，奶粉罐，插塑等辅材 层次一：在观察舞台图片的基础上尝试搭建舞台； 层次二：能与同伴一同尝试搭建小舞台； 层次三：尝试运用架空、平铺、垒高等方法搭建舞台
生活区	活动：整理演出服 指导要点：能将演出服按类叠放整齐	按标志整理、归类摆放演出服	材料：衣服标志，演出服，自制的服装管理员工作流程图 层次一：在老师帮助下，整理、归类摆放演出服； 层次二：能独立按标志整理、归类摆放演出服； 层次三：能独立按标志整理、归类，整齐叠放演出服

主题活动五 小河马的牙 | 133

续表

	活动与指导要点	幼儿关键经验	材料与层次
美工区	活动：制作小白兔手偶 指导要点：使用半成品，尝试用粘贴的方式制作兔子手偶	粘贴的正确方法	材料：半成品材料（如废旧海报纸、信封娃娃半成品） 层次一：在教师帮助下，掌握小白兔耳朵和眼睛的粘贴方法； 层次二：能独立在信封上贴上兔子耳朵和眼睛，添画上鼻子和嘴巴； 层次三：在制作小兔手偶的基础上尝试制作其他小动物手偶
	活动：制作酸梅服饰 指导要点：在一次性塑料雨披上粘贴装饰毛球，制作酸梅服饰	独立完成涂抹胶水、粘贴的动作	材料：一次性雨衣，缎带，彩色毛球，乳胶，操作步骤图 层次一：尝试用乳胶粘贴彩色毛球； 层次二：能独立完成粘贴活动； 层次三：会用正确的粘贴方法制作，在粘贴时会按规律或按一定顺序进行装饰
益智区	活动：晾衣服 指导要点：按花纹数量匹配相应的点数	按数量进行正确匹配	材料：衣服架，数字5以内的点卡，衣服图片 层次一：幼儿按衣服上花纹的数量，寻找有相应点数的夹子并夹上； 层次二：能按数序给衣服寻找相应的夹子； 层次三：能独立完成操作，讲述自己的操作过程
	活动：大河马拼图 指导要点：学习拼图的方法	学习按不同线索拼图的方法	材料：自制大河马的拼图（15片、20片） 层次一：能按照大河马图片，完成15片的拼图； 层次二：在没有图片的情况下，能独立完成20片的大河马拼图
探究区	活动：舞台上的灯光 指导要点：尝试用不同色彩的胶片纸单独或者重合用手电筒照出光线，发现色彩变化的秘密	探索灯光的变化，发现色彩变化的秘密	材料：不同颜色的胶片，手电筒，自制舞台箱 层次一：愿意探索操作手电筒和胶片材料； 层次二：发现用手电筒照不同色彩的胶片纸可以发出不同的灯光； 层次三：愿意进行灯光变化的探索，讲述自己的发现

续表

	活动与指导要点	幼儿关键经验	材料与层次
探究区	活动：摇一摇，听一听 指导要点：自制响罐并尝试用不同节奏摇一摇，听一听，匹配图片记录	探索声音的变化	材料：用不同大小物体（积木、硬币、纸团等）装进空瓶子做成响罐，自制记录表 层次一：乐意摆弄各种材料，将材料放在空瓶子中摇一摇，听一听； 层次二：发现不同的物体放在瓶子中会发出不同的声音； 层次三：愿意寻找教室中的物品进行实验，讲述自己听到的声音有何不同
阅读区	活动：阅读绘本《小河马的牙》 指导要点：有序翻阅图书，理解图书内容	进一步熟悉故事情节和角色对话	材料：绘本，故事录音 层次一：边听录音边有序地翻阅绘本，进一步熟悉故事内容； 层次二：能边看边讲述故事的主要情节与角色对话
	活动：创编剧本 指导要点：根据故事内容创编剧本中的角色台词	能根据故事中的角色特征，创编角色台词，并加入动作、语气、表情等表现人物特征	材料：剧本大书，绘本《小河马的牙》 层次一：围绕主题创编小河马等角色的台词； 层次二：创编台词，并大胆演绎台词
扮演区	活动：小河马的牙 指导要点：愿意参与表演，巩固上下场的方法	学习上下场的路线，大胆说台词、做动作	材料：地面标志，音乐，小河马等动物的头饰 层次一：在教师和地面标志的提示下，巩固全剧目角色上下场的动作及台词表演； 层次二：独立完整地表演

集体教学活动

第一周	第二周
1．小河马的牙（一）（语言）	1．咕噜咕噜来漱口（健康）
2．小河马的牙（二）（语言）	2．糖果邀请舞（艺术）
3．我来选角色（社会）	3．给小动物喂食（计算）
4．可爱的小兔（科学）	4．水晶糖酸梅舞（艺术）

续表

	第一周		第二周
5.	牙牙舞（艺术）	5.	我是小河马（社会）
第三周			
1.	蛀虫来了（艺术）		
2.	小青蛙跳荷叶（体育）		
3.	刷牙歌（艺术）		
4.	一起来排练（综合）		
5.	演出开始了！（综合）		

第一周　活动一　小河马的牙（一）（语言）

活动目标

1. 了解故事情节，创编故事中主要角色的对话，知道吃过糖要刷牙。
2. 迁移生活经验，进行猜测、验证、讨论交流，理解和表达图画书内容。
3. 感受融入故事情境的快乐。

活动准备

物质准备：故事《小河马的牙》PPT；《生日歌》音乐；自备一罐水晶糖、一袋酸梅、一把牙刷。

经验准备：幼儿有吃完糖果刷牙的经验。

活动过程

一、播放《生日歌》，创设过生日的情境，导入活动。

1. 播放《生日歌》。

教师：听听看，这是什么音乐呀？今天是谁的生日呀？猜猜看。

2. 播放第一张PPT（朋友们为小河马过生日的那张），了解故事中的主要角色。

教师：原来今天是小河马的生日。哪些朋友来为小河马庆祝生日了呢？

二、逐页翻看PPT，了解故事的主要情节。

1. 翻看PPT第1页（小河马的白牙）。

教师：你们发现小河马的牙齿是怎样的？（白白的、漂亮的）在生日的那一天，小河马发现自己又长出了一颗新牙，他可高兴了。他说"我又长新牙了，瞧，我的牙齿多白多结实呀"。

2. 翻看PPT第2页（小河马有黑牙，流泪了），激发幼儿原有经验，让其猜测小河马蛀牙的原因。

教师：小河马的牙怎么啦？为什么牙坏了？发生了什么事情？

3. 翻看PPT第3页（小白兔送礼物），教师提问并出示水晶糖实物，帮助幼儿了解故事情节。

教师：我们一起来看看故事里到底发生了什么事情，小河马的牙是怎么变黑的。小白兔给小河马送来了什么礼物？（拿出水晶糖）小白兔是怎么说的？谁来拿着糖学学小白兔送礼物的样子？

4. 学习小白兔送礼物时与小河马的对话。

小白兔：小河马生日快乐，这是我送给你的水晶糖。

小河马：谢谢你，好朋友。

逐页翻看 PPT 第 4、第 5 页。（小狐狸送酸梅、小象送牙刷）提问方式同上；继续了解故事情节，学习对话。

5. 翻看 PPT 第 6 页。（小河马白天黑夜都吃糖，但不刷牙）迁移经验，创编对话。

教师：小河马只喜欢吃糖和酸梅，对喜欢的东西，他会怎样说呢？我们一起学学。小河马不喜欢刷牙，又会怎样说呢？谁来说说看？我们一起来学学。

6. 翻看 PPT 第 7 页。（蛀虫来了）

7. 翻看 PPT 第 8 页。（内容同第 2 页，牙齿变黑）

教师：原来小河马的牙是这样蛀坏、变黑的。

8. 翻看 PPT 第 9 页。（医生帮小河马治病）

教师：医生会怎样对小河马说呢？能不能吃那么多糖还不刷牙呢？吃了零食要漱口，每天早晚要刷牙，牙齿才会健康。

9. 翻看第 10 页。（小河马天天刷牙）

教师：现在，小河马早晚刷牙，牙齿健康。

三、完整观看 PPT，师幼一起说故事。

四、幼儿独立阅读绘本，再次了解故事内容。

活动建议

故事 PPT 内容要有节选，可拍摄图画书进行制作。创编角色对话时，要尽量接近剧本中的角色语言，为创编剧本做准备。

活动二　小河马的牙（二）（语言）

活动目标

1. 在理解故事情节的基础上，初步了解剧本的内容和结构。
2. 通过讨论交流，迁移已有经验，以小河马过生日接受礼物为线索，根据故事内容设计台词。
3. 倾听他人谈话，并从同伴学习中获得有益经验。

活动准备

物质准备：幼儿用书《小河马的牙》，故事 PPT；教师自制剧本，角色标记。

经验准备：初步了解故事内容。

活动过程

一、唤醒经验，回忆故事情节。

1. 播放故事《小河马的牙》PPT，回忆故事内容。

2. 幼儿围绕小河马过生日的线索，讨论故事里发生了什么事情。幼儿陈述，教师帮助总结提升并记录，尽量保留幼儿的原话。

教师：故事里小河马生日的那一天，小河马发现自己怎样了？他的牙齿是怎样的？哪些朋友为小河马送来了生日礼物？（小白兔、小狐狸、小象）小河马吃糖后刷牙了吗？后来发生了什么事情？最后小河马学会了什么？

二、教师出示剧本向幼儿介绍主要剧情，让幼儿对整部剧有全面的了解。

1. 教师：这里有一个剧本，说的就是《小河马的牙》的故事，让我们一起来看一看。

2. 教师：我们把这个故事分为下面几幕。

第一幕：长出新牙；

第二幕：接受礼物；

第三幕：蛀虫来了；

尾声：刷牙。

三、幼儿讨论剧本中主要角色。

教师：我们在表演这个故事时可以有哪些角色呢？

（角色：小河马、小兔、小狐狸、小象）

四、征询幼儿意见，对剧情内容进行补充和修改，对个别语句进行丰富和修改。

教师：你觉得这个剧本还可以做哪些补充和修改呢？

五、完整学习剧本，进一步熟悉剧情。

活动三　我来选角色（社会）

活动目标

1. 喜欢扮演各种角色，能主动选择自己喜欢的角色。
2. 对角色选择有自己的想法，并能在教师的帮助下协调冲突。

活动准备

物质准备：角色选择表，幼儿照片人手一张，戏剧《小河马的牙》中的角色头饰。

经验准备：幼儿了解故事《小河马的牙》的情节和人物。

活动过程

一、回忆《小河马的牙》的故事，激发幼儿表演的欲望。

1. 回忆故事，小结故事中的角色。

教师：还记得《小河马的牙》的故事吗？

（教师一边带着幼儿回忆、讲述故事，一边出示各种角色的头饰）

2. 激发幼儿表演的欲望。

教师：故事里有哪些动物呢？我们来扮演这些小动物，表演这个有趣的故事吧！你喜欢谁呢？小河马、糖果、酸梅、蛀虫等角色你觉得是什么样的？谁来学一学？

二、幼儿初步尝试选择自己喜欢的角色。

1. 介绍角色选择图表。

教师：看，这是一张报名表，上面有些什么？空格是用来做什么的呢？（空格是用来贴小朋友照片的）在空格里贴上你的照片，就表示你想演这个角色了。

2. 幼儿第一次选择角色。

教师：你想演什么角色呢？为什么？（先请个别幼儿说一说，旨在引导幼儿加强对各角色的认识）

3. 教师：请把你的照片贴在相应头饰的下面。

对照角色表，解决幼儿角色选择中的冲突，引导幼儿再次选择。

教师：我们来看看，你们都选择了什么角色？哎呀，小河马怎么这么多呀？谁愿意演蛀虫呢？（引导幼儿平均扮演角色的数量）

谁愿意改变一下自己的选择呢？（鼓励幼儿进行适当的调整）

4. 个别引导，解决选择角色时出现的个别问题。（针对个别问题，发挥教师的教育智慧）

5. 玩游戏：你是谁？

巩固幼儿对自选角色的认识。

教师：你是谁？（请幼儿回答自己的角色）

三、小结，结束活动。

教师重点表扬能够自己主动选择角色又能够服从调配的幼儿。

活动建议

1. 引导幼儿自主选择角色，并坚持自己最后的选择。

2. 教师帮助家长正确理解角色选择，不把自己的想法强加给孩子。

活动四　可爱的小兔（科学）

活动目标

1. 观察小兔，了解小兔子的外形特征及其较为典型的生活习性。
2. 尝试用自己的动作、语言等表达对小兔子的认识和感受。
3. 关心、爱护小动物，愿意饲养小兔子。

活动准备

物质准备：幼儿从家中带来小兔子，或兔子图片，或视频。

经验准备：幼儿见过小兔子，喜欢小兔子。

活动过程

一、导入活动，激发幼儿观察小兔的兴趣。

1. 幼儿自由谈论兔子的话题。

教师：你见过兔子吗？在哪见到的？你喜欢小兔子吗？

二、幼儿自由观察和交流兔子的外形特征。

1. 幼儿抚摸兔子，感知兔子身体和兔毛的柔软。

教师：请你用手轻轻摸摸小兔，有什么感觉？

2. 幼儿有序观察小兔子的外形。

教师：小兔子长的什么样？头上有什么？耳朵是什么样的？眼睛是什么颜色的？嘴巴是什么样子的？

教师：小兔子的身体像什么？它有几条腿？是怎样走路的呢？

教师：小兔子的尾巴在哪？是什么样子的？

3. 幼儿观察其他不同品种的兔子，拓展对兔子的认知。

三、幼儿交流兔子的生活习性。

1. 回忆兔子喜欢的食物。

教师：小兔子喜欢吃什么？它还有哪些生活习性？

四、讨论如何照顾小兔子。

1. 讨论如何饲养照顾小兔子。

教师：我们怎样关心、照顾小兔子呢？（不给小兔子吃不干净的潮湿的东西，不要把水弄到兔子身上，不要用手拽小兔）

2. 讨论在照顾小兔子时如何自我保护。

教师：平时我们在喂养小兔子时要怎样注意保护自己呢？（不要被兔子咬到手）

五、师幼共同回忆儿歌《小白兔》。

活动建议

1. 活动中如果没有小兔子也可用图片、视频进行观察，在双休日家长可以带幼儿去动物园看小兔子。

2. 幼儿在活动中可以观察小白兔，在拓展环节可以增加垂耳兔、黑兔等不同的品种。

活动五　牙牙舞（艺术）

活动目标

1. 感受舞曲欢快的旋律，能听清楚前奏并合拍地做出相应的身体动作。

2. 在故事情境和预令的帮助下，能创编并合乐做出表示"牙牙长出"和"牙牙很结实"的身体动作。

3. 认真倾听音乐前奏并努力使自己的动作合乐到位。

活动准备

物质准备：剪辑好的音乐、电脑等。

经验准备：幼儿已了解故事情节，有六个人站成一横排的经验。

活动过程

一、创设故事情境，激发幼儿学习兴趣。

教师：小朋友们，你们都听过《小河马的牙》这个故事吧，在小河马生日的那一天，小河马发现自己又长出了一颗新牙，他可高兴了，看小河马的牙齿长得多白多结实呀。小河马的牙齿宝宝们也很高兴，它们排着整齐的队伍，跳起了牙牙舞。

二、提炼牙牙舞的动作，形成动作模型。

教师：现在我们都是小河马的牙齿宝宝，牙齿宝宝长出来（从矮变高），可以做什么动作表示呢？我们一起来学一学（牙齿长出的动作）。牙齿宝宝很结实（很健壮），可以做个什么动作表示？来学一学（表示牙齿结实的动作）。

教师：牙齿宝宝还要排队走出来准备跳舞。

三、教师播放音乐，示范动作模型，幼儿学习牙牙舞。

1. 教师：我这里有一段音乐，说的就是小河马的牙齿宝宝排队走出来跳舞的事情，我们用小手来当牙齿宝宝的小脚,在膝盖上排队跳舞吧。让我们一起听一听音乐,做一做动作吧。

2. 师幼讨论,理清动作模型的顺序。

教师:刚才牙齿宝宝先做了什么动作?接着做了什么动作?最后呢?我们一起再做一遍,看看你们说的对不对。

3. 第二次做动作模型,验证幼儿刚才的观察结果。

教师:你们刚才说对了吗?你们看得真仔细,真能干。

4. 添加脚的动作,第三次完整练习动作模型。

教师:牙齿宝宝要准备走出去跳舞了,我们站起来试试看怎么走路。(哼乐曲,单独练习一下合拍走路)好,我们听着音乐一起来完整试一试。(预令:1、2、3,走)

四、幼儿完整练习牙牙舞。

幼儿分散开找空地方练习动作,重点练习听前奏且整齐合拍地行进走。

教师:这次,请牙齿宝宝找一个空地方,我们听着音乐边走边跳舞。

五、分组练习牙牙舞,并添加上下场队形及身体方位的练习。

1. 教师示范上下场队形及身体方位。

2. 教师请两名幼儿练习走队形和方位。

3. 教师请五名小朋友练习走队形和方位。

教师:请你们站在我后面,一个跟着一个上场,然后转身,面向观众,开始跳舞。

4. 幼儿分组尝试独立完整练习,幼儿互相评价。

教师:你觉得他们跳得好吗?为他们鼓鼓掌。我们也来试一试。

活动建议

1. 动作以幼儿创编为主,幼儿在座位上学习牙牙舞的动作模型。(建议做三遍,第三遍幼儿起立,添加脚部动作,每一遍教师都要在前奏部分喊预令"1、2、3,走",帮助幼儿学会听前奏整齐合拍地开始做动作)

2. 本活动难点是听好前奏合拍地做动作,教师在每一个教学环节中都要重点评价幼儿动作是否合拍到位。

附动作建议:

前奏,原地排队等候。

1~8拍 自然踏步走,双臂自然前后摆动。

9~16拍 双手握拳在放在肩部,然后双臂向上伸直,五指打开,动作重复4次。

17~21拍 右手叉腰,左手握拳,屈肘,手臂由上往下拉动,动作重复4次。

22~24拍 动作同上,方向相反。

间奏,原地站立,拍手6次。

第二段音乐动作和第一段动作同。

第二周 活动一 咕噜咕噜来漱口（健康）

活动目标

1. 知道吃完东西后要漱口，掌握正确的漱口方法。
2. 通过讨论、练习等方式学习漱口的方法，知道保护牙齿的重要性。
3. 愿意自己的事情自己做。

活动准备

物质准备：芝麻糖、镜子、杯子、水、水桶、河马手偶。

经验准备：幼儿有饭后漱口的经验。

活动过程

一、导入活动，激发幼儿活动兴趣。

1. 教师出示小河马手偶，请幼儿品尝糖果。
2. 教师：小朋友们，今天我给大家带来了好吃的芝麻糖。
3. 幼儿品尝芝麻糖，发现吃完糖后牙齿的变化。

教师：芝麻糖好吃吗？请你们相互看看牙齿上有什么。（引导幼儿发现牙齿上的黑芝麻）

幼儿自由讨论清洁牙齿的办法。

师幼共同小结清洁牙齿的方法：吃完东西可以用牙刷刷牙，也可以漱口，让牙齿变干净。

二、学习漱口的正确方法。

1. 师幼共同讨论漱口的方法。
2. 教师：你们漱过口吗？谁来试一试？

幼儿学习正确漱口的方法。

（1）教师以小河马的口吻边念儿歌边演示：手拿小杯子，喝口清清水，抬起头，闭起嘴，咕噜咕噜吐出水。

（2）幼儿边念儿歌边学习正确漱口的方法。

三、幼儿尝试自己漱口。

1. 幼儿拿杯子喝水漱口，把水吐在水桶里。
2. 照照镜子，比一比，谁的牙齿最干净。

四、师幼共同讨论什么时候需要漱口。

在吃完饭、吃过糖之后要及时漱口,让牙齿变得干干净净。

活动建议
1. 在日常生活中及时提醒幼儿饭后漱口。
2. 请家长在家里也督促孩子养成饭后漱口的好习惯。

活动二 糖果邀请舞(艺术)

活动目标
1. 理解记忆游戏儿歌,能初步做出和小河马共舞的身体动作。
2. 在故事情境和儿歌的帮助下,学习糖果邀请舞,能创造性地做出糖果被吃掉后倒下的身体造型并保持不动。
3. 享受与同伴一起舞蹈的快乐。

活动准备
物质准备:请一位配班教师扮演糖果姐姐参与活动;剪辑好的音乐,电脑等。
经验准备:幼儿已了解故事情节;有吃水晶糖的经验。

活动过程
一、创设故事情境,激发幼儿学习兴趣。
教师:在小河马生日的那一天,朋友们给小河马送来了水晶糖和酸梅做生日礼物。小河马可喜欢吃糖了,吃了一颗又一颗,就连睡觉的时候嘴里还含着糖呢。结果啊,晚上,小河马做了一个梦,在梦里,小河马去找水晶糖姐姐、酸梅妹妹做朋友跳舞,他找到了一个好朋友,就和好朋友一起笑一笑,拉拉手跳舞,最后,小河马实在太馋了,他啊呜一口吃掉了糖果。

二、提炼动作,形成动作模型。
教师:小河马找到了糖果姐姐做朋友很高兴,可以怎样做笑一个的动作呀?水晶糖真甜呀,小河马要啊呜一口吃掉它,可以做什么动作?

三、教师播放音乐儿歌示范动作模型,幼儿学习糖果舞。
1. 教师:我这里有一段音乐,说的就是小河马找糖果姐姐做朋友、跳舞,最后吃掉糖果的事情,我们用小手来当小河马的小脚在膝盖上走路去找糖果姐姐做朋友吧。让我们一起听一听音乐,做一做动作。
2. 师幼讨论,理清动作模型的顺序。
教师:刚才小河马先做了什么动作?接着做了什么动作?最后呢?我们一起再做一遍,看看你们说的对不对。

第二次做动作模型，验证幼儿刚才的观察结果。

3. 教师：你们刚才说对了吗？你们看得真仔细，真能干。

四、学习糖果邀请舞。

1. 教师扮演小河马，请另一名配班教师扮演糖果姐姐，示范合作舞蹈。

教师：现在我是小河马，×老师是水晶糖姐姐，小河马要准备出发去找朋友跳舞了，你们来看看，我是怎样去找水晶糖姐姐跳舞的？

2. 幼儿再次观看两位教师的示范动作，重点观察当小河马找到糖果姐姐时，糖果姐姐是怎样和小河马跳舞的。

教师：当小河马找到糖果姐姐时，糖果姐姐做了什么动作呢？然后呢？糖果姐姐和小河马做的动作是一样的吗？

五、幼儿扮演糖果姐姐，尝试和教师扮演的小河马跳舞。

1. 一对一，合作舞蹈。

教师：糖果宝宝们，现在我要来找你们跳舞了。我走到谁的面前，谁就站起来和我跳舞。没有被找到的糖果宝宝，你们一边听音乐一边拍手好吗？

2. 一对多，合作舞蹈。

教师：还有这么多糖果宝宝没有被邀请到，现在，我每次多邀请几个糖果宝宝和我一起跳舞，被邀请到的宝宝们站起来和我一起跳舞好吗？

六、创编糖果宝宝被小河马吃掉后倒在椅子上不动的身体动作。

1. 请2~3名幼儿示范倒下的动作。

教师：糖果宝宝被小河马啊呜一口吃掉了，倒在椅子上不动了，你可以做一个倒在椅子上不动的造型并保持不变吗？

2. 全体幼儿创编不同的倒下动作。

七、全体幼儿站成圆圈完整跳舞两遍。

教师：现在我们站成一个圆圈来跳这个邀请舞。

附动作建议：

"找呀找呀找朋友"，双手叉腰，小碎步一拍一次，共8次。

"找到一个好朋友"，动作同上。

"笑一个，笑一个"，双手上举放脸颊两边，食指指脸颊，头左右各点1次。

"拉拉手呀好朋友"，伸出双手和舞伴手拉手，并同时左右点头各2次。

"笑一个，笑一个"，双手上举放脸颊两边，食指指脸颊，头左右各点1次。

"啊呜一口吃掉啦"，创编一个被吃掉倒下的身体造型并保持不变。

全曲和以上动作重复六遍。

活动三 给小动物喂食（计算）

活动目标
1. 不受物体排列形式的影响，正确感知 5 以内的数量。
2. 学习将相同数量的物体放在一起，会进行 5 以内的等量匹配。
3. 能一边操作一边讲述操作的过程，并能有序地整理操作材料。

活动准备

物质准备：

1. 教具。白板 PPT"给小动物喂食"。

2. 学具。

第一组"给小动物喂食"，小动物卡片，与动物数量相同的食物卡片（如小兔 VS 胡萝卜，小猫 VS 鱼），分类盒。

第二组"按用途分类"，各种食物和生活用品的图片每种 4~5 张，分类板。

第三组"给衣服配纽扣"，衣服底板，纽扣。

经验准备：幼儿对 5 以内的数量有一定感知。

活动过程

一、数数小动物。

教师：春天到了，许多小动物来到了草地上，看看它们分别有几只。

（小鸡 4 只，小猫 5 只，小兔子 5 只）

二、小动物找朋友。

1. 教师：小动物要找朋友玩，找谁呢？（小动物要找和自己数量一样多的动物做朋友）

幼儿操作，将数量一样多的小动物摆放在一起。

2. 教师：这里的小动物是几只，你能选一张点卡表示它们的数量吗？（几只小动物就用数字几的点卡表示）

3. 给小动物喂食。

教师：草地上又来了一群小鸡，它们的肚子饿了，小鸡们喜欢吃什么呢？如果每只小鸡要吃 1 条虫子，想想，小黄鸡、小灰鸡、小黑鸡分别要吃几条虫子呢？谁愿意来喂它们？（引导

幼儿边操作边讲述）

教师：池塘里有一群青蛙，看看一共有几只。（5只）谁来给它们喂好吃的呢？怎么喂它们吃小虫呢？（提示幼儿边操作边讲述）

三、幼儿完成操作材料，教师观察指导。

第一组：给小动物喂食。

教师：请你给小动物喂食，动物有几只就喂几个食物。

第二组：按用途分类。

教师：这些物品的用处一样吗？看一看并给它们分类吧！

第三组：给衣服配纽扣。

教师：请按照衣服上的扣眼一一对应地扣上相应的纽扣，并说出总数。

（教师个别指导，发现幼儿在操作中的问题，并及时解决）

四、引导幼儿交流作业，体验活动快乐。

教师：小动物都吃饱了，谁愿意来说一说，几只小动物吃了几个食物？

活动建议

1. 将喂青蛙活动的材料投放到认知区。
2. 个别辅导，引导个别幼儿正确地点数6以内数量。

活动四　水晶糖酸梅舞（艺术）

活动目标

1. 感受舞曲轻松活泼的旋律，能听清楚前奏并整齐合拍地做出相应的身体动作。
2. 在故事情境和预令的帮助下，能创编并合乐做出耸肩和扭胯等身体动作。
3. 认真倾听音乐前奏并努力使自己的动作合拍到位。

活动准备

物质准备：剪辑好的音乐、电脑等。

经验准备：幼儿已了解全剧情，对表演有兴趣。

活动过程

一、创设故事情境，激发幼儿学习兴趣。

教师：在小河马生日的那一天，朋友们给小河马送来了水晶糖和酸梅做礼物，水晶糖姐姐和酸梅妹妹穿着透明的水晶裙子，像个模特一样走路、跳舞，美丽极了。

二、观看模特走秀视频,观察模特的基本舞步和亮相的造型动作。

教师:模特是怎样走路的?他们还做了什么动作?

三、教师播放音乐,示范动作模型。

1. 幼儿观察教师的动作示范。

教师:这里有一段音乐,可以让水晶糖姐姐和酸梅妹妹合着音乐像个模特一样走出来亮相,你们看看我是怎样走路和表演的。

2. 师幼讨论,理清动作模型的顺序。

教师:我先做了哪个动作?然后做了什么?最后呢?

四、学习基本舞步和基本舞蹈动作。

1. 幼儿在座位上学习舞蹈的动作模型。(建议至少做3遍,第3遍幼儿起立,增加脚部动作,每一遍教师都要在前奏部分喊预令"1、2、3,走",帮助幼儿学会听前奏整齐合拍地开始做动作)

2. 幼儿散点找空地方练习动作,重点练习:听前奏整齐合拍地行进走及原地扭胯、耸肩动作。

五、创编不同的亮相造型,知道在音乐的结尾处停下做自己创编的造型动作,并保持不动。

1. 请幼儿观察教师的动作示范,讨论:教师是在音乐的什么地方做造型动作的。

小结:在音乐的结尾处,做糖果造型动作,并保持不动。

2. 幼儿自由创编不同的动作造型,向同伴学习并不断修正动作,建议加上表情,上下肢动作配合,也可以有高低体位的变化。

六、教师带领幼儿完整练习动作2~3遍,鼓励幼儿做自己创编的不同的动作造型并保持不动。

附动作建议:

双手曲肘,五指张开,手腕有节奏地转动,脚部随乐曲节奏自然行进走。

原地扭胯,双臂自下向身体两侧打开向上,八拍一组动作。

同上。

左手叉腰,右手前平举,五指张开,手心向下,手指颤动,八拍一组动作。

换方向,动作同上。

左脚跟点地,右脚掌落地,身体侧面向前,双肩上下耸动,八拍一组动作。

换方向,动作同上。

双手曲肘,五指张开,手腕有节奏地转动,脚部随乐曲节奏自然行进走。

自由做亮相造型,并保持不动。

活动五　我是小河马（社会）

活动目标

1. 了解招待客人的一些简单礼节。
2. 能运用礼貌用语与同伴进行交流。
3. 体验当小主人的快乐和自豪。

活动准备

物质准备：事先邀请几位大班的哥哥姐姐参加活动，小河马手偶。

经验准备：幼儿有邀请小朋友到家中做客的经历。

活动过程

一、幼儿观看手偶表演《小河马请客》。

1. 幼儿观看表演。

教师：小河马过生日了，他邀请了许多小伙伴到他家做客，我们来看看他是怎样招待客人的。

2. 幼儿说说小河马是怎样招待客人的，学习常用的礼貌用语。

二、幼儿讨论招待客人的方法。

1. 师幼讨论：如何招待朋友？

教师：如果你是小河马，有朋友到你家做客，你会怎么说、怎么做呢？（教师扮客人用表演的方式鼓励幼儿用礼貌用语招待客人）

2. 小结：有客人来做客我们要主动向客人问好，并热情地请客人喝水、吃水果、玩玩具等，客人离开时要主动说再见。

三、情境模拟：哥哥姐姐来做客。

1. 邀请哥哥姐姐来班级做客，幼儿招待哥哥姐姐。
2. 幼儿自由招待哥哥姐姐。
3. 幼儿讲述自己招待哥哥姐姐的过程。
4. 哥哥姐姐谈谈自己的感受。
5. 幼儿与哥哥姐姐告别。

活动建议

1. 鼓励幼儿在家里来客人时能做个礼貌的小主人。有条件的话可以组织幼儿到附近小朋友家做客。

2. 在扮演区游戏中增加做客的情节。

附情境表演内容：

小河马请客

今天是我的生日，我邀请了好朋友到家里来做客，大象、小白兔、小狐狸都来了。大象，你好呀！小白兔，请喝水！小狐狸，请吃水果！我家有许多玩具，我们一起玩吧！时间不早了，朋友们要回家了，小河马说：小伙伴们再见，欢迎你们再来做客。

第三周 活动一 蛀虫来了（艺术）

活动目标

1. 感受乐曲旋律，能随乐做动作和表情，表现蛀虫"洋洋得意"与牙齿"害怕躲闪"的特征。
2. 借助故事情境和教师语令，尝试用蛀虫"走走走走看一看"及"吃一口呀舔一舔呀"的动作表现音乐 AB 段的不同剧情。
3. 享受与同伴一起游戏的快乐。

活动准备

物质准备：剪辑好的音乐《以色列狐步舞》。

经验准备：幼儿熟悉故事《小河马的牙》，事先请一位配班老师配合表演。

活动过程

一、回忆故事《小河马的牙》，导入活动。

教师：小河马太爱吃糖和酸梅了，他白天吃、晚上吃，就连睡觉的时候嘴里都含着糖，结果蛀虫来了，蛀虫鬼鬼祟祟地走出来，他走走走走看一看，看见牙齿宝宝身上全是甜甜的糖，就吃一口呀舔一舔呀，真好吃呀。把牙齿宝宝钻出了一个个黑洞洞，最后牙齿宝宝都变黑了。

二、鼓励幼儿创编"看、吃、舔"的动作，并用与音乐节奏相宜的儿歌语言归纳动作。

教师：我是一只大蛀虫，你们呢？蛀虫是怎样走路的呢？是怎样看牙齿的呢？是怎么吃牙齿上的糖的呢？请你用动作来学一学！

三、倾听音乐，感受音乐 AB 乐段不同旋律，并合乐做蛀虫走走看看及舔糖的动作模型。

1. 教师带领幼儿在座位上合拍地做上肢动作，例如用手指在腿上模拟走路的动作，同时匹配预令帮助幼儿掌握动作和音乐节奏。（做2遍）

2. 幼儿起立站在椅子前做动作模型。重点练习脚的动作协调合拍。

四、创编牙齿宝宝被蛀虫咬时的身体动作和表情，分角色体验蛀虫和牙齿的互动游戏。

1. 观察教师的角色扮演。

教师：嘘，我发现了一颗沾满糖的牙齿（配班教师扮演），你们来看看，我这个大蛀虫是怎样吃牙齿宝宝身上的糖的？

2. 幼儿扮演牙齿宝宝，和教师互动，体验蛀虫轻轻触碰牙齿的身体动作。

教师：大蛀虫是怎样吃牙齿宝宝身上的糖的？（轻轻地碰碰牙齿宝宝的身体）牙齿宝宝看见蛀虫来的时候是什么样子，被蛀虫咬的时候又是什么样子呢？现在，请你们来做牙齿宝宝，我们来试试看。

请配班教师带领一名幼儿扮演牙齿宝宝，另一教师带领两名幼儿扮演蛀虫，互动游戏。

3. 替换不同幼儿跟随教师分角色互动游戏。（幼儿参与人数逐渐增加，教师逐步退出，鼓励幼儿独立游戏）完整游戏2~3遍。

教师：谁想来试试做蛀虫？其他小朋友来做牙齿宝宝。

附动作建议：

身体扭动，做虫蠕动状，双手抚肚，做肚子饿的样子。

屈膝半蹲，双手放于胸前，五指并拢随节奏向前交替走四步。

五指并拢放于额前，左看一下，右看一下。

动作同上，重复1次。

双手伸直触碰"牙齿"一次，舔双手手心。

双手放在嘴边做抹嘴样，表示好吃馋嘴样。

动作同上，重复4次。

身体扭动，做虫蠕动状，双手抚肚，做吃饱了的样子。

活动二 小青蛙跳荷叶（体育）

活动目标

1. 练习向前跳圈，发展动作协调性。
2. 能双脚并拢轻松自然地跳荷叶，锻炼腿部肌肉力量。
3. 喜欢参与活动，能遵守游戏的规则。

活动准备

物质准备：在室外选择较平整的场地，用粉笔或其他记号笔在地上画若干类似荷叶的圈，用呼啦圈作为荷叶，可以根据幼儿的能力适当改变圈与圈之间的距离。

经验准备：幼儿有双腿跳、单腿跳的经验。

活动过程

一、开始部分。

准备活动：活动四肢，巩固向上跳的动作。

我是一只小青蛙，捉虫本领大，手儿伸一伸，腿儿蹬一蹬，蹲下——找一找小虫，跳起来——吃掉它！

二、基本部分。

1. 教师介绍游戏玩法。

教师：小青蛙，今天我们要到河对岸去捉害虫，看谁能从荷叶上跳到对岸。

2. 请幼儿从起始线开始，从一个圈跳到另一个圈里，一边跳一边说：小青蛙，要回家，跳——跳，呱——呱，跳——跳，呱——呱，跳跳跳，呱呱呱，小青蛙，回到家！

引导幼儿互相学习小青蛙跳跃的动作，说说哪一只小青蛙跳得远，他是怎样跳的？（请个别幼儿示范）幼儿集体学习双脚向前跳的动作，鼓励幼儿双脚并拢，轻松自然地向前跳。

3. 幼儿自由练习。

4. 游戏"小青蛙跳荷叶"，教师观察和指导，根据幼儿的活动情况，改变圈和圈之间的距离，可以分成两条或三条不同层次的路线进行练习。

三、放松部分。

小青蛙游泳：模仿小青蛙的动作进行腿部放松活动（抖腿、捶腿）。

活动建议

1. 晨间锻炼时进行青蛙跳的游戏。
2. 教师提供个别辅导，帮助个别幼儿协调地行进跳。

活动三　刷牙歌（艺术）

活动目标

1. 感受舞曲欢快的旋律，能听清楚间奏并及时变换方向做刷牙动作。
2. 在故事情境和预令的帮助下，创编并合乐做出表示"上下刷""左右刷"和"漱口"的身体动作。
3. 认真倾听音乐间奏并努力使自己的动作合乐到位。

活动准备

物质准备：剪辑好的音乐，一段刷牙的录像，电脑等。

经验准备：幼儿已了解故事情节。

活动过程

一、创设故事情境，激发幼儿学习兴趣。

教师：小河马在医生的帮助下，知道了要早晚刷牙，饭后要漱口，牙齿才会健康，所以呀，小河马就和好朋友们一起好好学刷牙了。

二、看刷牙录像，丰富刷牙动作经验。

教师：该怎样正确地刷牙呢？我们一起来看看牙科医生是怎样说的。

三、提炼刷牙舞的动作，形成动作模型。

教师：我们用食指来当牙刷，上下刷可以怎样做？左右刷呢？漱口可以怎样做动作？还可以用什么动作表示牙齿亮晶晶？

四、教师播放音乐，示范动作模型。

1. 教师：这里有一段音乐，说的就是小河马的牙齿宝宝排排队来跳舞的事情，你们仔细看看，牙齿宝宝做了哪些动作？

2. 师幼讨论，理清动作模型的顺序。

教师：我先做了哪个动作？然后做了什么？最后呢？

五、学习刷牙舞。

1. 幼儿在座位上学习刷牙舞的动作模型。（建议做3遍，每一遍教师都要在间奏部分说预令，提示幼儿变换动作，帮助幼儿学会听间奏整齐合拍地开始做动作）

2. 教师：仔细听，我们播什么音乐的时候就开始换动作？（没歌词的时候）对，这就是音乐的间奏。

3. 幼儿散点找空地方练习动作，重点练习听间奏且整齐合拍地变化动作。

4. 重点练习漱口时头部及上半身要前后摆动。

六、幼儿排成三横排的队形练习刷牙舞。教师可重点评价幼儿是否前后左右对齐，动作是否合拍到位。

七、添加结尾台词并创编结尾造型，再次练习刷牙舞。

建议台词：早晚刷牙，牙齿健康，耶！

附动作建议：

左手叉腰，右手食指做牙刷，在嘴边做上下刷牙状 8 次，同时头部上下摆动，牙齿上下叩齿。

换方向，动作同上。

左手叉腰，右手食指做牙刷，在嘴边做左右刷牙状 8 次，同时头左右摇晃，牙齿上下叩齿。

换方向，动作同上，做左右刷牙状 4 次。

双手叉腰，头部及上半身前后摆动 4 次，嘴做漱口动作。

双手食指点双颊，左右晃动头部 4 次。

拍手 4 次。

活动四 一起来排练（综合）

活动目标

1. 尝试在箭头标志的引导下，从正确方位上下场。
2. 能根据音乐的提示，按"牙角色"的出场顺序上场表演和退场。
3. 体验与同伴共同表演的快乐。

活动准备

物质准备：音乐 CD《牙牙舞起来》，标示场次的指示牌。

经验准备：幼儿已经学会各场次的表演动作。

活动过程

一、师幼一起梳理演出顺序。

1. 回忆故事，激发幼儿活动兴趣，梳理表演的顺序。
2. 教师运用"留白"的方式，与幼儿谈论故事。

教师：小河马长新牙了，他可高兴了，他长出的新牙是什么样子的？（又白又整齐）

教师：小河马过生日了，小白兔和小狐狸送给他什么礼物？（水晶糖、酸梅糖）

教师：小河马高兴极了，他白天晚上都在吃糖，又白又整齐的牙被蛀虫蛀成黑牙。不过后来小河马养成了一吃完东西就刷牙的习惯。他又快乐起来了。

二、再次与幼儿共同复述故事。

当讲到长新牙需要表演时，音乐响起来。在熟悉的音乐声中大家不分角色反复进行上下场练习，直到结束。（可以形象地让幼儿将自己的腿当作小舞台，手模仿角色在腿上表演和进行上下场的练习）

重点进行第一幕《长出新牙》上场、表演的排练。

教师：过生日这天，小河马发现自己又长出一颗新牙，他可开心了！

教师扮演小河马。

教师：哇！我长新牙喽！我长新牙喽！（拖长音）瞧，我的牙齿好白、好结实呀！

幕后传来敲牙的声音，"牙齿"上场。

三、第一遍排练，教师用语言提醒幼儿上场、表演。

四、第二遍排练，教师用手势提醒幼儿上场、表演。

五、第三遍排练，教师帮助幼儿在音乐的提示下，上场、表演。

进行"听到小河马声音"有序退场的游戏。

幼儿完整、自主表演。

六、幼儿分组，一组幼儿表演，一组幼儿当旁白。

七、教师与其他幼儿尝试当观众，对表演提出意见和建议后再次表演。

活动建议

幼儿自主学习上场前的准备活动，练习互相帮助，将牙齿服装穿在身上。可以沿用《糖果变身蛀虫操》的儿歌：抓鞭子，钻房子，小老鼠出洞子，吱扭吱扭下房子。

活动五 演出开始了！（综合）

活动目标

1. 能和同伴、教师或家长合作进行戏剧表演。

2. 能根据成人的提醒及时调整自己的位置和动作。

3. 体验共同表演的乐趣和幸福。

活动准备

物质准备：小河马、小兔、小象、小狐狸、牙刷、蛀虫、黑牙、白牙的头饰，服装；水晶糖、酸梅的服饰等；音乐CD；舞台的背景材料；布置好舞台背景；表示场次的幕牌。

经验准备：幼儿有舞台表演的经验。

活动过程

一、准备活动。

1. 各组幼儿按角色穿上相应的服饰。

2. 请家长协助幼儿戴上头饰，简单化妆。

3. 教师向大家示意，彩排开始。

二、彩排活动。

1. 第一幕开始。

一位幼儿出示第一幕的幕牌（第一幕：长出新牙）。教师指导这位报幕员面对观众大声报幕。

家长旁白：过生日这天，小河马发现自己又长出一颗新牙，他开心极了！（鼓励幼儿在后台附和着说）

家长说小河马的画外音：哇，我长新牙喽！我长新牙喽！（拖长音）瞧，我的牙齿好白、好结实呀！（鼓励幼儿在后台附和着说）

音乐响起，白牙从舞台右侧上场跳《牙牙舞起来》。

家长说小河马的画外音：小白兔（哎）、小狐狸（哎）、小象（哎）：今天是我的生日，我长新牙了！我长新牙了！（回答时，请场后的幼儿来附和）

白牙从舞台左侧退场。

家长和扮演小河马的幼儿留在舞台的右前方。

2. 第二幕开始。

一位幼儿出示第二幕的幕牌（第二幕：接受礼物）。教师带着这位报幕员面对观众大声报幕。

幼儿扮演的小白兔从舞台左侧上场，她的身后跟着水晶糖：今天是小河马的生日，我送给他漂亮的水晶糖。

音乐响起，小白兔和水晶糖一起跳《糖的快乐舞》。

音乐结束后，水晶糖在舞台右侧集体背靠背摆造型。

小白兔对着小河马说：小河马，生日快乐！这是我送给你的水晶糖。

小河马看着水晶糖说：谢谢你，小白兔，好漂亮的水晶糖呀！（接着，走到水晶糖的身边，摸一摸，还舔一舔）

幼儿扮演的小象从舞台右侧上场，他的身后跟着牙刷：今天是小河马的生日，我送给他能够保护牙齿的牙刷。

音乐响起，小象和牙刷一起跳刷牙舞。

音乐结束后，牙刷在舞台左侧集体背靠背摆造型。

小象对着小河马说：小河马生日快乐！这是我送给你的牙刷。

小河马看着牙刷说：谢谢你，小象。（脸上露出不高兴）

幼儿扮演的狐狸从舞台左侧上场，他的身后跟着酸梅：今天是小河马的生日，我送给他又酸又甜的酸梅。

音乐响起，狐狸和酸梅一起跳《酸梅舞》。

音乐结束后，酸梅在舞台中间集体背靠背摆造型。

狐狸对着小河马说：小河马，生日快乐！这是我送给你的酸梅。

小河马看着酸梅说：谢谢你，小狐狸，我可喜欢吃酸梅了！（接着，走到酸梅的身边，摸一摸，还舔一舔）

小河马对着小伙伴们说：我们一起吃蛋糕吧。四个小伙伴手拉着手，生日歌响起。

天黑了，小伙伴要回家了。（水晶糖、酸梅、牙刷留在台上，小河马也留在台上）

3. 第三幕开始。

一位幼儿出示第三幕的幕牌（第三幕：蛀虫来了）。教师指导这位报幕员面对观众大声报幕。

家长旁白：到了晚上，朋友们都走了，小河马在做什么呢？

小河马：哼，这把牙刷又丑又没用，看我把你扔出去！（用双手把牙刷举向头顶，使劲做扔出去的动作。牙刷做歪歪倒倒状从右侧退场）

小河马：好漂亮好漂亮的水晶糖呀！（摸摸、拍拍、摇摇水晶糖，做出非常喜欢的样子）

小河马：好酸好甜的酸梅啊，我太喜欢你了！（在酸梅前面转来转去，伸伸舌头，做出流口水的馋样）

小河马嘴巴夸张地上下张合，发出吃东西的声音，吃一会儿就睡觉，过一会儿爬起来再吃。

被吃掉的糖和酸梅依次转过去，背对着观众，脱掉糖的外衣，戴上蛀虫的帽子，变成一只只大蛀虫（蛀虫的衣服先穿在里面），依次排好队按顺时针方向移动脚步，慢慢转向前台。

家长旁白：小河马白天吃个不停，连晚上睡觉时嘴巴里也要放颗糖，他就这样吃啊、吃啊……

小河马抱着一颗水晶糖和一颗酸梅睡觉。

蛀虫上场：小河马呀真可爱，吃了酸梅又吃糖，不漱口来不刷牙，哈哈，便宜我们大蛀虫。（齐）哈哈哈哈哈哈，便宜我们大蛀虫！

音乐响起，蛀虫跳《蛀虫舞》。最后一段音乐围着"白牙"做啃、咬的动作，被蛀虫咬过的"白牙"立即转身变成"黑牙"。音乐停止，蛀虫从舞台右侧退场。

家长旁白：日子一天一天过去了。

"黑牙"站在小河马的身后。

小河马：哎哟，哎哟，我的牙怎么变黑了？好疼啊，好疼啊，哎哟、哎哟！妈妈、妈妈！（"黑牙"们随着"哎哟"声向左右两边各点一下头）

妈妈（画外音）：我们赶快去看医生！（"黑牙"快速从台左侧下场）

4. 尾声。

一位幼儿出示尾声的幕牌（尾声：刷牙）。教师指导这位报幕员面对观众大声报幕。

家长旁白：小河马好多天都没出去玩了，他在做什么呢？

小河马头上缠着绷带，边上场边说：我的牙不那么疼了。

小白兔、小狐狸和小象边从右侧上台边招手：小河马，你不出来玩，在家做什么呢？

小河马：我的牙刷呢，医生说了，吃完零食要漱口，每天早晚要刷牙。来，我们一起来刷牙！

5. 场上、场下所有的人一起附和：来来来，我们一起来刷牙！（连续说3遍）

所有人员上场，随着音乐集体跳刷牙舞。

所有人：哈哈哈哈哈哈！

三、评价活动。

教师请家长说一说排练的情况如何，有什么地方需要进一步练习，重点练习不太熟练或衔接不畅的部分。

活动延伸

教师可邀请爷爷奶奶或社区老人来观看幼儿与爸爸妈妈的排练，请他们提建议。

主题活动六

连衣裙和小背心

主题活动六
连衣裙和小背心

主题意图

夏天是一首动听的歌,你听,树上的知了在歌唱,游泳池边的孩子在嬉戏;夏天是一幅美丽的画,你瞧,池塘里开满了粉色的荷花,孩子们穿上了轻便的衣服,女孩子穿着漂亮的连衣裙,男孩子穿着帅气的小背心。孩子们喜欢的夏天来了,让我们赶快投入大自然的怀抱,感受夏天火热的魅力。

《我的连衣裙》这本绘本正适合在这个季节读,这本图画书中描绘的连衣裙对女孩子来说,是一个不断变幻图案的万花筒,一个个画面就是一个个童话故事,让每一个读过的女孩子向往,如果说女孩子喜欢的是绘本中连衣裙的花样,那么最让男孩子欢呼雀跃的,恐怕就是小鸟飞来吃小兔子连衣裙上的草籽,变成她身上的花样,然后再齐刷刷地张开翅膀,带着她飞进彩虹之中的那一连串的画面了。此外,这本书还是一本以三拍子节奏展开的图画书,它有一个不断重复的结构——画面"1—2—3""1—2—3"地一遍又一遍地重复着,类似音乐里的节拍。幼儿喜欢这种重复,期盼这种重复。

我们的主题活动就以这本孩子们喜欢的绘本为线索,让他们读绘本、品绘本、演绘本,再从绘本回到生活中常见的连衣裙和小背心,让承载着幻想的连衣裙和小背心跟随孩子们走进服装世界,带领孩子走进多彩的夏天,让他们感受美丽的、梦幻的、充满生活情趣的世界。

主题目标

健康:

1. 了解夏季的特征,知道夏季中一些自我保护知识。
2. 夏季愿意在户外进行活动,注意防晒,知道活动时动静交替。
3. 在需要帮助的时候,主动请别人帮忙。提高生活自理能力和独立性。

4. 练习身体平稳地双脚连续向前跳。

语言：

1. 和教师、同伴一同阅读绘本，学习阅读的基本方法，有阅读的兴趣和良好的阅读习惯。
2. 喜欢阅读绘本故事，大胆地猜测和想象，感受情节的重复与变化，用语言表达自己的想法。
3. 知道图书上的文字是和画面对应的，是用来表达画面意义的。

社会：

1. 在游戏活动中爱护玩具和物品。
2. 想加入同伴游戏时会使用礼貌用语，如"请""你好""谢谢"等。

科学：

1. 乐于探索，通过观察、发现了解简单的自然现象，愿意用语言表达自己的发现。
2. 能感知和体验天气对自己生活和活动的影响。
3. 初步了解和体会夏季动植物和人们生活的关系。
4. 能手口一致地点数 5 个以内的物体，并能说出总数。能按数取物。
5. 能按物体的大小、长短差异进行排序。

艺术：

1. 能用语言、身体动作、不同形式的艺术手法表达对绘本的独特感受和认识。
2. 能大胆地表达自己的想法和创作，发挥想象力和创造性。用喜欢的方式做出自己喜欢的连衣裙和小背心造型并装饰，感受生活中的艺术美。
3. 在制作活动中能尝试使用各种工具和材料，如用剪刀沿线剪，边线基本吻合。

主题网络图

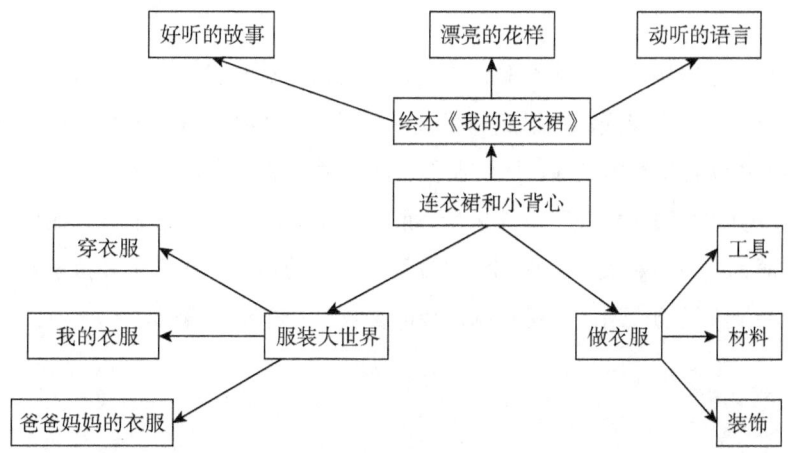

环境创设

1. 班级门口设立醒目的"夏季防护小贴士",向大家介绍夏季来了,如何进行自我防护。
2. 设计幼儿主题经验调查表,内容包括:孩子为什么喜欢夏天,夏天穿什么服饰,你最喜欢的一件夏季服饰的照片等。将调查表布置在主题墙上。
3. 将绘本中提到的各种花样的连衣裙绘制出来,布置在主题墙上供幼儿欣赏。
4. 制作衣服的流程图,张贴在主题区供幼儿交流分享。
5. 将绘本《我的连衣裙》的故事情节和内容用文字和图片的形式展示在阅读区或家长园地,传递绘本的相关信息。
6. 收集各种夏季的服饰布置在扮演区,也可以丰富服装店的环境和游戏情节。
7. 家园共同收集关于夏天风景、用品的图片、艺术品,布置在自然角中。
8. 收集夏天各种昆虫的图片和标本,摆放在教室自然角,供幼儿观察、欣赏。
9. 布置玩水的区域,提供各种形状、大小的空塑料瓶和玩水的工具,供幼儿感知水的特性,感受夏天来了。
10. 将幼儿围绕主题制作的美工作品及时展出,美化教室环境。

三方互动

教师——把班级创设成夏季服装展示中心,将各式各样的服装用多种方式陈列出来展示给幼儿欣赏;以经验调查表的形式,向家长提供了解幼儿和主题活动的机会,布置主题墙并及时将主题进展过程展现在主题墙上;与幼儿一同读绘本、品绘本、演绘本,通过绘本感受生活中的图案美。

幼儿——与爸爸妈妈一同完成经验调查表,主动在众多的服饰中选择自己喜欢的服饰,并能说出喜欢的原因,与同伴交流;愿意阅读绘本故事,主动将故事中描绘的连衣裙花样讲述给爸爸妈妈听;能主动尝试绘本表演、服饰制作,用多种艺术手段大胆表达自己的感受。

家长——与幼儿共同收集关于夏天风景、服装、用品的图片、艺术品;在日常生活中引导幼儿发现夏季服饰的特点和美;近期围绕"夏季服饰"的话题,在家中和孩子共同开展"家庭服饰设计"的亲子小活动,用废旧材料制作装饰衣服,增进亲子感情。

特色活动

	活动	活动准备	指导要点	参与幼儿
健康大活动	穿衣服	每人一件T恤	能分清衣服的正反，自己学穿T恤	本年级幼儿
安全教育活动	安全滑滑梯	户外活动中进行过玩滑梯的活动	知道安全滑滑梯的方法，能在游戏中注意安全	本班幼儿
户外活动	热闹的戏水池	戏水需要的工具和相关物品	喜欢玩水，在游戏中探索水的秘密	本班幼儿
	找影子	户外防晒用品	发现自己在阳光下的影子	本班幼儿
语言活动	夏天来了	绘本《夏天来了》或PPT	通过阅读感受夏天的特点	本班幼儿
	快乐的夏天	绘本《快乐的夏天》或PPT	通过阅读故事，学会与同伴交往	本班幼儿
	夏日的一天	绘本《夏日的一天》或PPT	阅读绘本故事，了解故事内容	本班幼儿
	阿立会穿裤子了	绘本《阿立会穿裤子了》或PPT	阅读故事，观察图画中的内容	本班幼儿
音乐活动	大皮球	皮球一个	学唱歌曲，能边唱边表演	本班幼儿
	萤火虫	乐曲	能随乐做动作，感受乐曲优美的意境	本班幼儿
	小茶壶	茶壶一个	在学唱歌曲的基础上能随乐表演小茶壶	本班幼儿

区域活动

	活动与指导要点	幼儿发展目标	材料与层次
建构区	活动：热闹的游泳池 指导要点：能综合运用几种建构技能搭建游泳池	能综合运用几种建构技能进行搭建	材料：各类积木，雪花片，各类大小不同的纸盒 层次一：能用各种积木表现游泳池的围合特点； 层次二：能运用多种建构技能搭建游泳池，并能利用各种辅材搭建游泳池中的其他物品

续表

	活动与指导要点	幼儿发展目标	材料与层次
生活区	活动：我喜欢的夏天 指导要点：了解夏季自我保护的知识	知道夏季的自我保护常识	材料：自制健康小书（内容包括防晒帽子、防晒霜，在荫凉处活动，不做剧烈运动，多喝水，不乱吃冷饮） 层次一：知道夏季的自我保护知识； 层次二：能边看小书边讲述夏天的自我保护知识
美工区	活动：服装设计师 指导要点：尝试用各种小花边装饰衣服	用不同的方式装饰裙子和背心	材料：裙子和背心的底图、不同的花边等 层次一：对装饰底图感兴趣，愿意自己尝试进行设计； 层次二：尝试在不同形状的底板上贴上不同的花边，注意画面美观； 层次三：尝试用粘贴花边的方式进行装饰，能按规律进行粘贴
美工区	活动：我的连衣裙 指导要点：能用泥贴的方法制作连衣裙	能用泥贴的方法制作连衣裙	材料：各色黏土，泥工板，连衣裙范例 层次一：尝试用平面泥贴的方式制作连衣裙； 层次二：能在同伴或教师的帮助下制作连衣裙，并进行简单的装饰； 层次三：能创造性地制作不同的连衣裙造型和图案
美工区	活动：美丽的项链 指导要点：尝试用各种颜色的DIY材料按规律粘贴项链	能按一定规律装饰物体	材料：各种项链范图，各种颜色的DIY材料（如黏土、吸管、小花等），糨糊及双面胶 层次一：尝试发现规律，按规律粘贴美丽的项链； 层次二：能按规律整齐地装饰项链； 层次三：能按自己的设计排列规律对项链进行装饰
益智区	活动：衣服拼图 指导要点：学习拼图的方法	发现整体与局部的关系并按顺序拼图	材料：自制衣服拼图若干 层次一：能根据底板图案的提示拼出4块左右的拼图； 层次二：能按一定顺序在底板图案的提示下进行游戏； 层次三：能按顺序拼出多块拼图，并用语言讲述自己的操作结果

续表

	活动与指导要点	幼儿发展目标	材料与层次
益智区	活动：穿吸管 指导要点：学习按规律进行排列的方法	学习按规律进行排列	材料：剪好的不同颜色的吸管，穿吸管的绳子 层次一：愿意主动尝试穿吸管，按自己的想法穿； 层次二：观察、发现已经穿好的吸管的变化并尝试按规律穿完； 层次三：能按规律熟练地穿吸管，边讲述规律边穿
扮演区	活动：纱巾装扮 指导要点：尝试用纱巾进行装扮和表演	运用纱巾进行装扮，感受不断的变化带来的惊喜	材料：各种不同图案的纱巾 层次一：对纱巾感兴趣，愿意摆弄纱巾； 层次二：尝试用纱巾做各种服饰装扮自己，情绪愉快； 层次三：尝试纱巾装扮中基本的固定方法（系结和夹住），与同伴相互装扮
	活动：我的连衣裙 指导要点：借助服饰和道具，尝试用身体动作进行表演；乐意在同伴面前表演	喜欢参加表演游戏，用动作和语言进行表现	材料：幼儿制作好的连衣裙，各种表演的服装和道具 层次一：愿意穿上漂亮的服饰进行简单表演； 层次二：选择自己喜欢的花样的裙子尝试进行表演； 层次三：尝试按绘本中的出场顺序用身体动作进行表演
	活动：夏天来了 指导要点：愿意运用各种道具进行扮演，表现夏天的特点	了解夏季的特征，并运用道具进行表现	材料：太阳帽、草帽、裙子、墨镜、泳衣等夏季服饰及用品 层次一：愿意利用各种道具进行扮演； 层次二：能利用各种道具扮演，用各种身体动作表现夏天的特点； 层次三：能利用各种身体动作和语言表现夏季的特征
探究区	活动：小船的沉浮 指导要点：通过操作发现小船的沉浮特点，愿意用语言进行表达	发现物体的沉浮特性	材料：分别用纸、油泥、锡纸、纸黏土等材料制作的小船 层次一：乐意参加小船沉浮的探索活动； 层次二：通过操作发现不同材质的小船有不同的沉浮特点； 层次三：通过操作发现不同材料小船的吸水性，并能用语言表达自己的操作结果

续表

	活动与指导要点	幼儿发展目标	材料与层次
探究区	活动：夏天来了 指导要点：能找出图中明显的夏季特征	了解夏季的季节特征	材料：夏季风景图（有3个明显的特征，有一处明显错误） 层次一：知道夏季的特征，能在图中发现2个以上夏季特征； 层次二：知道夏季的明显特征，能在图中发现3个夏季特征，并用语言讲述； 层次三：能发现图中夏季的特征，并能发现一处不同的特点
	活动：昆虫展览 指导要点：愿意探索发现昆虫的秘密	对研究昆虫的秘密感兴趣	材料：知了、蛐蛐、天牛等夏季昆虫的图片或标本，放大镜观察盒 层次一：愿意观察小昆虫，发现小昆虫的秘密； 层次二：对研究昆虫感兴趣，能用语言表达自己的发现
	活动：玩水真快乐 指导要点：通过探索操作，发现水的奥秘	喜欢玩水，在游戏中探索水的秘密	材料：各种玩水的材料，水枪、水桶、盛水的工具 层次一：喜欢玩水，愿意使用各种工具进行游戏； 层次二：能利用各种玩水工具发现水的特点
阅读区	活动：我的连衣裙 指导要点：能一页一页翻阅绘本，边看边讲述故事里的简单句子	能用正确的方法翻阅图书，知道要爱护图书	材料：绘本《我的连衣裙》 层次一：能自主阅读绘本，尝试一页一页翻书； 层次二：一边翻阅绘本一边讲述绘本中描绘的连衣裙花样

集体教学活动

第一周		第二周	
1.	我的连衣裙（语言）	1.	各种各样的布（科学）
2.	美丽的花边（数学）	2.	小裁缝的梦想（音乐）
3.	两只小鸟（音乐）	3.	小小送货员（体育）
4.	穿衣服啦（健康）	4.	大家一起玩玩具（社会）
5.	夏日波点装（艺术）	5.	衣服拼图（数学）
第三周			
1.	夏天的雷雨（音乐）		
2.	萤火虫和星星（语言）		
3.	夏天火辣辣（健康）		
4.	枝枝丫丫的树（美术）		
5.	玩水（科学）		

第一周　活动一　我的连衣裙（语言）

活动目标

1. 欣赏绘本图书的故事和画面，初步了解图书的内容和情节。
2. 大胆地猜测和想象，感受情节的重复与变化，用语言表达自己的想法。
3. 感受连衣裙的美丽，体验阅读的乐趣。

活动准备

物质准备：绘本《我的连衣裙》PPT，音乐片段，白色的布一块。

经验准备：幼儿对连衣裙有一定的了解。

活动过程

一、出示连衣裙，激发幼儿兴趣。

1. 教师：今天，老师带来了一样东西（出示连衣裙），你们知道这是什么吗？你们觉得这条连衣裙漂亮吗？为什么呢？

2. 教师：可是，有一只小兔却做了一条神奇的连衣裙，那条连衣裙会变化，可漂亮了！我们一起去看看。

二、出示 PPT，师幼共读绘本。

1. 阅读封面，介绍书名和作者。

教师带幼儿阅读到"哇，下雨了"，猜测：下雨了，会发生什么有趣的事情呢？

2. 继续阅读到"草籽的味道好香呀"。

教师：小兔来到了哪里？会发生什么事情？（猜测后阅读）

3. 继续用猜测、验证的方法阅读，感受连衣裙不同的变化。

三、结合 PPT，教师讲述绘本故事。

1. 教师：小兔的连衣裙很特别，你发现有哪些花样的连衣裙？（学习用"连衣裙变成××花样"，来回答）

2. 逐一出示连衣裙的变化图。

白色—花朵花样—雨点花样—草籽花样—小鸟花样—彩虹花样—晚霞花样—星星花样

四、师幼讨论：你喜欢连衣裙上面变出什么？

教师可以根据幼儿的回答，再次出示不同的连衣裙，让幼儿感受不同图案的优美。

五、师幼再次阅读。

1. 教师播放音乐，和幼儿再次阅读。
2. 引导幼儿用完整的话来讲述。

啦啦啦，啦啦啦，我穿上花朵花样的连衣裙，漂亮吗？

啦啦啦，啦啦啦，我穿上雨点花样的连衣裙，漂亮吗？

啦啦啦，啦啦啦，我穿上草籽花样的连衣裙，漂亮吗？

3. 讨论：你喜欢这本书吗？喜欢哪里？

六、启发幼儿猜测与想象。

1. 教师：第二天，太阳出来了，小兔子穿着星星连衣裙又开始了一天的旅程。小兔会走到哪里？她的连衣裙又会变成什么样子呢？
2. 教师：如果你是小兔，穿上连衣裙你会走到哪里？连衣裙会变成什么花样呢？
3. 幼儿发挥想象，大胆地说出自己的想法。

活动建议

在阅读区提供绘本《我的连衣裙》，供幼儿自主阅读。

活动二 美丽的花边（数学）

活动目标

1. 能按图形的样子或某一特征规律交替进行排列。
2. 通过观察、操作活动等发现图形的特征并正确排列。
3. 在操作中感知图形不同特征的排序。

活动准备

物质准备：

1. 教具：剪好的手帕纸样，上面有长方形、圆形、梯形、长方形、圆形、三角形（颜色相同）以及剪下的长方形、圆形、梯形图片。
2. 学具。

第一组"接着往下排"：剪好的正方形的手帕底板上面有排列好的图形，剪好的图形片片若干。如红色的圆形、黄色的三角形、红色的圆形、黄色的三角形，以此类推。

第二组"我设计的围巾"：剪好的长方形的围巾底板，剪好的图形片片若干，胶棒。

第三组"连衣裙排排队"：大小不同、形状图样相同的连衣裙纸样 4 张，红旗底板。

经验准备：幼儿观察过不同的花边。

活动过程

一、幼儿欣赏贴好图形花样的手帕，产生兴趣。

1. 幼儿欣赏手帕的花样。

教师：这里有一块手帕，你们看，手帕上有哪些图形花样呢？（长方形、圆形、三角形）

2. 幼儿观察手帕花样的排列方法，发现排列规律。

教师：这些图形花样是怎样排列的呢？谁来说一说。

3. 幼儿发现图形花样的排列规律，尝试进行讲述。

幼儿尝试接着为手帕排列花样。

教师：这块手帕的花边还没有排列完，谁能按照前面图形排列的方法，为手帕制作花边呢？

4. 幼儿按规律给手帕排列花边。

师幼共同小结排列的方法。

教师：让我们一起念一念是怎样排列的，长方形、圆形、三角形、长方形、圆形、三角形。原来在制作花边时可以按照这样的方法排列。

二、幼儿进行操作活动，给不同的围巾制作不同的花边。

1. 幼儿观察操作材料，教师介绍制作的方法。

教师：今天，我们要为围巾制作各种不同花样的花边。在制作时，大家可以先看看围巾已经排好的花样，再接着往下排列，也可以自己按一定的花样顺序制作花边。

2. 教师介绍制作的材料。

第一组：接着往下排。

教师：请你按照这样的花边接着往下排。

第二组：我设计的围巾。

教师：你自己设计一条漂亮的围巾，给它贴上漂亮的花样吧！

第三组：连衣裙排排队。

教师：请你将这几件连衣裙排排队吧！

三、总结、评价活动。

1. 展示幼儿制作的花边围巾。

2. 幼儿讲述自己围巾的排列方法。

3. 教师总结、评价。

活动建议

1. 幼儿制作的底板可以根据班级的实际情况进行调整。

2. 在美工区继续用玩具印画、纸球贴画的方式让幼儿进行装饰，在装饰时鼓励幼儿迁移按规律排序的经验。

活动三 两只小鸟（音乐）

活动目标

1. 熟悉歌曲旋律，理解歌词内容，能用自然、轻柔的声音演唱。
2. 能用动作表现歌曲，尝试用不同的动作表现"相亲相爱"。
3. 在表演游戏中体验与朋友身体接触的乐趣。

活动准备

物质准备：小鸟指偶两只，颜色不一样，可以套在左右手的大拇指上；大树的胸饰。

经验准备：幼儿已学过小鸟飞的动作。

活动过程

一、复习小鸟飞的动作。

幼儿听三拍子的音乐做动作，教师提醒幼儿合拍地做动作。

教师：天气真好，鸟宝宝们，我们飞出去玩一玩吧。

二、欣赏教师的演唱，理解歌词内容。

1. 教师出示小鸟指偶，讲述故事。幼儿初步熟悉歌曲的旋律。

教师：树上坐着谁呀？

幼儿：两只小鸟坐在小树上。

教师：这两只小鸟一样吗？有什么不同？分别是什么颜色的？

幼儿认识两只小鸟。

教师：歌里唱了什么？两只小鸟叫什么？发生了什么事情？

教师：红色的小鸟有一个好听的名字，叫丁丁，和丁丁打个招呼。

教师：蓝色的小鸟也有一个好听的名字，叫东东，和东东打个招呼。

2. 幼儿欣赏教师演唱歌曲《两只小鸟》，理解歌词的内容。

教师：丁丁和东东坐在小树上会发生什么事情呢？我们一起来听一听。

教师：丁丁和东东怎么啦？发生了什么事情？他们为什么飞走了？

教师：小树没有朋友了，心里可孤单了，怎么办呢？（叫丁丁和东东回来）那我们一起帮助小树把丁丁和东东喊回来吧。（回来吧，丁丁，回来吧，东东）

小结：两只小鸟回到树上了，又见面了，他们相亲相爱地在一起，真快乐。

三、幼儿学唱歌曲《两只小鸟》。

1. 教师带领幼儿慢速演唱，同时用教具演示提示幼儿，教师鼓励幼儿用动作提醒自己记忆歌词。

2. 教师带领幼儿用自然、轻柔的声音来演唱。

教师：老师把丁丁和东东的事情编成了一首好听的歌，我们一起来听一听。

教师：让我们听着音乐，跟着老师一起来把丁丁和东东的事情唱出来，好吗？

3. 用手指边做动作边演唱。

教师：小朋友，请你们边做动作边唱歌。让我们来试一试。

四、幼儿两两结伴表演歌曲。

教师：刚刚我们已经把丁丁和东东的事情编成了一首好听的歌，接下来我们还要把丁丁和东东的事情编成一段好看的表演，我们一起来看一看。

教师：你们也想来表演吗？

1. 幼儿戴好胸饰，找到结伴的朋友。

教师：请小朋友和边上的小朋友说一说你是谁。（我是丁丁，我是东东）那红色的丁丁在哪里？拍拍你们的小翅膀飞一飞。蓝色的东东在哪里？拍拍你们的翅膀飞一飞。

2. 幼儿结伴演唱，教师提醒幼儿做相互指的动作时目光要与同伴对视，幼儿演唱完毕，与同伴相互抱抱，体验结伴的快乐。

五、幼儿做小鸟飞的动作"飞"出活动室。

活动建议

在表演区，提供音乐和一些道具，让幼儿继续熟悉音乐旋律，动作合拍地表演。

5 0	5 5 3	5 5 0	4 4 2	1 1 0 ‖
了。	回 来 吧，	丁 丁，	回 来 吧，	东 东。

活动四 穿衣服啦（健康）

活动目标

1. 初步了解穿背心的方法，知道在需要帮助的时候主动请别人帮忙。
2. 自己探索并学习穿背心、拉拉链的方法。
3. 体验自己穿背心的乐趣，有成就感。

活动准备

物质准备：不同种类的衣服（外衣、裙子、背心等）、关于穿背心的重要作用的PPT。

经验准备：幼儿会穿一些简单的衣服。

活动过程

一、引出主题，初步了解穿背心的重要性。

教师播放PPT并提问。

教师：故事中的小朋友遇到了什么困难？为什么要穿背心？你会穿背心吗？

二、幼儿自己穿背心，探索穿背心的方法，教师引导幼儿用简短的语言进行表述，帮助幼儿认识背心的正、反两面。

三、通过儿歌的形式，引导幼儿学习穿背心和拉拉链的方法。

1. 幼儿自己穿背心，教师观察指导，小结幼儿穿背心的情况。
2. 通过儿歌，引导幼儿自己穿背心。

儿歌：拽着小衣领，甩到后面去，一手拽两边，空手钻洞洞，自己穿背心，真呀真能干。

3. 通过儿歌，引导幼儿学习自己拉拉链。

儿歌：拉拉链啦，准备好啦，钻洞洞，钻洞洞，一只手拽住了，使劲往上拉呀，一二三，拉好了。

四、出示不同的衣服，探索不同衣服不同的穿法。

1. 教师：这里还有哪些衣服？怎么穿呢？

2. 分别请幼儿来穿这些衣服，比比谁穿得又快又好。
3. 请穿衣服的幼儿介绍自己的方法。
4. 教师引导幼儿总结出穿这些衣服的不同要领。

五、情境观察：这个小朋友的拉链拉不上，怎么办？裤子提不好，怎么办？穿衣服的时候，你会遇到什么困难？

小结：穿衣服时如果遇到困难，可以请老师和小伙伴帮忙。

活动建议
1. 在日常生活的环节，鼓励幼儿自己穿衣服、鞋子，锻炼生活自理能力。
2. 帮助幼儿提高自我保护意识，让其知道穿背心可以让自己不受凉。

活动五　夏日波点装（艺术）

活动目标
1. 欣赏有波点图案的服饰，感受各种大小、颜色不同的点的排列特点。
2. 能大胆构思，在夏日服装上绘画波点图案做装饰。
3. 愿意参加活动，享受在实物上设计的快乐。

活动准备
物质准备：教师与幼儿共同收集波点服饰，然后布置"波点服装店"；美工材料，如各色丙烯颜料、抹布、刷子；背景音乐；单色夏日服装。
经验准备：幼儿已熟悉一些常见的图案，如条纹、格子等，有在布上涂鸦的经验。

活动过程
一、情境导入，激发幼儿对波点装的兴趣。
1. 教师：这里有一家服装店，里面卖的衣服很特别，我们一起去看看好吗？
2. 幼儿自由参观后讨论：这里卖的服装有什么特别的地方？图案是什么？

二、欣赏波点装，感受服装上各种大小、颜色不同的点的排列特点。
1. 幼儿自选喜欢的服装，并说一说喜欢的原因。
教师：你喜欢哪件波点装呢？为什么喜欢？
2. 引导幼儿欣赏波点颜色、大小不一样的服装。
教师：这件衣服上的波点是什么样的？这件衣服上的点点又有什么变化？你喜欢哪一件？

为什么？你觉得穿上这样的衣服心情会怎样？（从波点的颜色、大小、搭配上引导幼儿分层次欣赏）

三、幼儿尝试设计自己的波点装。

1. 介绍绘画材料，引起幼儿绘画的兴趣。

教师：这里有很多单色夏日的服装，可是这些衣服上没有图案，你们想拥有一件自己的波点装吗？一起动手画一画吧！

2. 探索绘画波点的方法，提出可以使用工具。

请个别幼儿尝试绘画。注意画面布局，鼓励幼儿大胆创新。

3. 幼儿自由设计并装饰，教师指导。

指导要点：注意观察幼儿的表现，给予个别幼儿适当的指导；提示幼儿将画笔放到对应的颜料罐子里。

四、展示、评价作品。

1. 教师展出幼儿的作品，请幼儿相互说一说喜欢谁的作品及喜欢的理由。

2. 请幼儿穿上自己绘制的服装，表演"波点时装秀"，体验创作的快乐。

第二周　活动一　各种各样的布（科学）

活动目标

1. 知道生活中有各种各样的布，能大胆介绍自己带来的布制品的名称和作用。

2. 通过观察、触摸的方式，感知不同质地的布料，进一步了解布的用途。

3. 乐意参与"神奇的大口袋"游戏活动，感知不同质地的实物，找出用布制成的各种物品。

活动准备

物质准备：教师和幼儿一起收集各种布制品，例如布衣裤、布娃娃、床上用品、布鞋、布书、手帕等；塑料桌布、布桌布，大布口袋一个，里面装有各种布品玩具和非布品玩具。

经验准备：幼儿看过几种不同材质的布。

活动过程

一、创设情境，幼儿感受布桌布和塑料桌布的区别。

1. 教师：魔术师正在准备今晚魔术的道具，他将要给大家展示什么呢？你们瞧，就是它！这是什么？

教师将两块桌布铺在桌面上，引导幼儿观察。

2. 教师：仔细看看，这两块桌布有什么不同？（颜色和花纹等不一样）你喜欢哪一块？为什么？

3. 请个别幼儿闭上眼睛，上来摸一摸，说一说。

教师：你觉得它们一样吗？有什么不一样？（塑料的光滑，布的柔软）你更喜欢哪一块桌布？

二、同伴交流活动：我带来的布。

以小组为单位，相互交流自己带来的布制品，讲述其名称及质地。

教师请个别幼儿在集体面前介绍自己带来的布制品。

三、幼儿观察各种各样的布，进一步感知不同质地的布料。

教师带领幼儿认识各种质地的布。先由教师介绍，再请幼儿讲述布制品的名称。

四、游戏：神奇的大口袋。

教师介绍游戏规则：魔术就要开始啦，（出示神奇的大口袋）在这个神奇的大口袋里有许多东西，请小朋友不用眼睛，用手在大口袋里摸一摸，找出布玩具后，拿出来给大家看，摸对了，大家就给予掌声鼓励。

五、迁移经验，总结活动。

教师：布的种类有很多，你还知道哪些布？可以用来做什么？

活动二　小裁缝的梦想（音乐）

活动目标

1. 欣赏乐曲，感受乐曲舒缓的旋律，尝试用身体动作合乐地表现裁缝制作衣服的过程。
2. 通过故事线索提示，迁移已有经验，创编裁缝"量、裁剪、缝"的身体动作。
3. 体验用动作表现小裁缝的梦想的乐趣。

活动准备

物质准备：衣服制作过程的图片（量，裁剪，缝）；乐曲《加沃特舞曲》。

经验准备：幼儿知道裁缝的工作是什么。

活动过程

一、倾听故事，感受乐曲舒缓的旋律。

1. 教师：有一个小女孩，她的梦想就是有一天能成为一个出色的小裁缝。小女孩找来一块漂亮的布，先量自己的身体，再将布裁剪好，最后用针线缝出了一条漂亮的连衣裙。大家看见她做的裙子都夸奖她心灵手巧，之后她每天都在用心做衣服，终于成了一个出色的小裁缝。让我们一起来听听她在干什么。

2. 创编量、裁剪、缝的动作。

教师：小女孩是怎样做衣服的，先做什么，再做什么，最后做什么？

3. 幼儿边听音乐，边做动作。

教师：这里有一段乐曲说的就是小女孩变成小裁缝的故事。

4. 教师出示衣服制作过程的图片，帮助幼儿理清动作顺序。

5. 幼儿再次欣赏乐曲，边听边做动作。

二、借助故事欣赏乐曲，尝试用动作表现小裁缝的各种动作。

1. 幼儿尝试做小裁缝，听着音乐创编小裁缝的各种动作。

2. 幼儿听音乐，用动作表现小女孩变成小裁缝的过程。

三、幼儿完整听乐曲，表现小裁缝的动作。

1. 创编小裁缝穿上制作好的衣服后摆出的各种造型。

2. 幼儿听乐曲创编动作和造型。

动作建议：

乐曲 A 段	随乐自由舞蹈，表现找到一块布的喜悦。
乐曲 B 段	随乐做各种量的动作。
乐曲 C 段	随乐做各种裁剪的动作。
乐曲 D 段	随乐做缝制的动作。
乐曲 A′段	随乐自由舞蹈，表现连衣裙做好后的喜悦。

活动三 小小送货员（体育）

活动目标

1. 尝试走 20 cm ~ 30 cm 宽、25 cm 高的桥，保持身体平衡。
2. 通过游戏，练习和巩固走小桥的动作，并尝试从高处跳下。
3. 体会帮助他人的快乐。

活动准备

物质准备：衣服若干件，衣服上贴上数量为 1 ~ 3 的点子标记，标记颜色分为红、黄、蓝、绿 4 种颜色；有点子标记的大筐，有颜色标记的筐；高度不同的小桥 3 座。

经验准备：幼儿能走高度为 25 cm 的小桥。

活动过程

一、听音乐做"小动物模仿操"。

教师：小朋友们听一听，哪些小动物来了？我们一起来听儿歌做动作吧！

1. 教师创设情境，交代任务。

教师：送货员生病了，今天没办法把这些衣服送走了，你们愿意帮助他吗？送货要过小桥，你们行吗？你们试试能不能过这 3 座小桥，过桥时身体应该怎么样？

2. 幼儿练习过小桥，教师在难度高的地方进行保护，提醒幼儿想一想动作。

3. 请平稳走过桥的幼儿进行示范，其他幼儿观察其下桥的腿部动作，小结动作要求。

教师：站稳走，身体直，走到尽头弯曲双腿，轻轻跳下。

4. 幼儿再次练习。

二、游戏：送货。

1. 教师：你们真有本领，送货员决定请你们帮忙。大家注意每次只能送一件衣服，要看清衣服上的点子标记，请按照点子数把衣服送到相同点子的家，不能送错了。过桥时要把衣服拿稳了。

2. 请个别幼儿示范。（提醒：过小桥时眼睛看前方，不要慌张）

3. 幼儿游戏。教师鼓励幼儿尝试过不同的小桥。

4. 衣服送完后检查送货的情况。

三、按颜色送衣服。

1. 引导幼儿认识不同颜色的标记筐，将衣服送回相应的颜色筐里，筐与小桥之间有一段距离，让幼儿奔跑以增加运动量。

2. 幼儿游戏，教师鼓励胆小的幼儿尝试走不同的小桥。

四、放松整理活动。

拉伸放松，在放松整理的过程中体会相互帮助的快乐。

活动建议

活动过程中可以同时使用点子、颜色或数字做标记。小桥可用平铺、架高、斜坡等方式增加难度。

活动四　大家一起玩玩具（社会）

活动目标

1. 尝试用谦让、轮流、合作等方式解决游戏中遇到的矛盾和冲突。
2. 学会使用"请，谢谢，没关系，你先玩，一起玩"等礼貌用语。
3. 乐意与同伴一起友好地玩玩具，体验共同游戏的乐趣。

活动准备

物质准备：积木若干（长条形和圆柱体），数量比幼儿人数少一些；手偶2个。

经验准备：幼儿有搭建立体小桥的经验。

活动过程

一、创设问题情境，激发幼儿游戏兴趣。

1. 提出造小桥的游戏要求。

教师：小建筑师们，今天我们要用积木来搭小桥，现在请你们找空位置开始建造。

2. 幼儿开始建造小桥。

二、在幼儿搭建过程中，教师帮助幼儿解决矛盾。

1. 幼儿搭建小桥，教师观察发现幼儿在搭建过程中出现的问题。（如争抢积木、争抢位置等；若幼儿无冲突，教师可以用减少游戏材料等方法引发冲突）

2. 幼儿讨论刚才游戏时遇到的问题。

教师：刚才搭建小桥时你们有没有遇到什么问题呢？

（1）共同商讨解决问题的方法。

问题一：玩具不够时怎么办？（大家一起共用玩具，向同伴借用等）

问题二：没有空位时怎么办？（请同伴让一下，和同伴一起玩）

（2）观看手偶情境表演，学习解决矛盾的常用语。

教师结合手偶情境表演引导幼儿在与同伴发生冲突时学说：给你吧，我再去找一块；积木不够，我们一起搭；等等。

三、幼儿再次搭建小桥，教师重点观察幼儿游戏中有无冲突、矛盾，并个别指导。

四、教师拍摄幼儿游戏时合作的照片，游戏结束后进行分享。

1. 部分幼儿讲述自己解决冲突的方法。

2. 小结：小朋友一起搭的小桥真漂亮。在游戏时如果出现矛盾，希望你们也会用相互谦让、大家一起玩、一起商量的方法来解决。

3. 给幼儿颁发小奖品，鼓励幼儿与同伴一起游戏。

五、幼儿和同伴一起玩音乐游戏"找朋友"。

活动五　衣服拼图（数学）

活动目标

1. 学习衣服拼图游戏的玩法。

2. 通过动手操作、不断尝试初步建立简单的图画概念，发现整体和局部的关系。

3. 活动中不怕困难，勇于挑战。

活动准备

物质准备：

1. 教具：白板 PPT "衣服拼图"（衣服完整图和经过剪切的衣服小图）

2. 学具。

第一组"裙子拼图一"：4 块拼图，图案底板。

第二组"裙子拼图二"：6 块不规则拼图，图案底板。

第三组"裙子拼图三"：8～10 块不规则拼图，图案小图。

经验准备：幼儿有拼图的经验。

活动过程

一、创设情境，激发幼儿活动兴趣。

1. 教师出示 PPT，幼儿观察衣服设计图，讲述自己的发现。

教师：公主准备新买一件礼服参加舞会，你们看看，这件衣服是什么样的？你喜欢吗？

二、师幼共同讨论拼图的方法。

1. 教师出示衣服拼图，幼儿讨论拼图的方法。

教师：巫婆不让公主参加舞会，于是她撕碎了这张设计图，现在设计图变成了这样，我们该怎么还原？

2. 幼儿尝试拼设计图，师幼讨论拼图的方法。

教师：我们可以怎样还原这张设计图？

教师：我们可以参考小图，采用从上往下拼或是从外向内拼的方法还原这张设计图。

3. 幼儿操作，巩固拼图的方法。

4. 教师鼓励幼儿说一说自己拼图的方法。

三、分组操作，挑战不同层次的拼图游戏。

1. 教师提供不同层次的操作材料，幼儿进行拼图。

教师：服装店里还有很多衣服设计图没拼好，大家可以分组去拼一拼。

第一组：裙子拼图一。

教师：难度一颗星，拼图块数少一些。

第二组：裙子拼图二。

教师：难度两颗星，块数增加了一些哦！加油！

第三组：裙子拼图三。

教师：难度三颗星，不仅拼图块数增加了，而且只有小图，没有底板图，大家要仔细观察哦！

2. 幼儿操作，教师巡回指导。提醒幼儿尝试选择不同层次的游戏材料进行操作，体验拼图的乐趣。

3. 总结、评价活动。

活动建议

1. 幼儿操作时，教师应注意观察幼儿的操作过程，了解、分析幼儿采取的解决问题的策略，给予适当的指导和帮助。

2. 可以根据本班幼儿的实际情况设计不同层次的拼图游戏材料，可以增加拼图块数，也可以只提供小图不提供底板图，帮助幼儿巩固拼图的方法，发现整体与局部的关系。

第三周　活动一　夏天的雷雨（音乐）

活动目标

1. 感受歌曲活泼的旋律风格，尝试用一问一答的方式演唱歌曲。
2. 通过看图谱、听范唱等方法，熟悉歌词，唱准切分音。
3. 喜欢歌唱活动，能大胆用动作表现歌曲内容。

活动准备

物质准备：歌曲内容图谱一份；雷雨示意图一份；切分音节奏型图谱一张。

经验准备：幼儿知道夏天会下雷雨。

活动过程

一、出示图片，激发幼儿的兴趣。

教师：小朋友们看，这是什么呀？（引导幼儿猜想闪电、下雨、乌云等）

我们一起来听一首歌曲，看看能不能从歌曲里找到答案。

二、教师范唱，引导幼儿记忆歌词。

1. 教师有感情地唱一遍歌曲，并提问。

教师：你们刚才听到了什么？

2. 教师出示图谱，帮助幼儿理解、记忆歌词内容。

根据幼儿的回答，教师出示此句歌词的图谱，并解释图标代表的含义。

教师：你们还听到了什么？

3. 再次范唱，幼儿记忆歌词。

教师：有没有什么新发现？听到不一样的歌词了吗？

4. 幼儿再次听音乐，重组图谱顺序，尝试记忆歌词顺序。

教师：你们有没有发现一个秘密？

（引导幼儿发现歌曲特点：问答式，第一段是提问，第二段是回答）

我们用"？"来表示提问，"小嘴巴"表示回答，一起听听提了几个问题，先问什么？后问什么？最后问什么？都是怎么回答的？

最后回答是什么？我们刚才看到的是什么？（点题"夏天的雷雨"）

5. 幼儿看图谱演唱歌曲，巩固对歌词顺序的记忆。

三、分组演唱，一问一答，表现歌曲特点。

教师：我们请男生来问，女生来答。

四、创编动作，表演歌曲。

1. 分析闪电、打雷、落雨的特点，通过不同的动作加以表现。

教师：闪电一闪一闪的，可以怎么用动作表示？打雷轰隆隆地响呢？大雨落下来可以怎么用动作表示呢？

2. 幼儿表演，体验愉快的气氛。

活动建议

引导幼儿在表演区用各种材料来表现闪电、雷声、雨声的特征。

附：夏天的雷雨

$1=B\ \frac{2}{4}$

5 5	5 6 6 5	1 1 6 3	5 —

天 空 中 一 闪 闪， 什 么 发 光 亮？
一 闪 闪 一 闪 闪， 闪 电 发 光 亮。

1 1	1 5 5 3	5 5 4 3	2 —

天 空 中 轰 隆 隆， 什 么 声 音 响？
轰 隆 隆 轰 隆 隆， 打 雷 声 音 响。

5 5	5 6 6 5	1 1 6 3	5 — ‖

天 空 中 哗 啦 啦， 什 么 落 下 来？
哗 啦 啦 哗 啦 啦， 大 雨 落 下 来。

活动二　萤火虫和星星（语言）

活动目标

1. 感知散文中所描绘的夏季夜晚的美好意境，学习词语"温柔、摇晃、淡淡的"。

2. 通过欣赏和观察画面，理解散文中的优美词句。

3. 感受作品带来的无限美好的意境。

活动准备

物质准备："萤火虫和星星"挂图；温柔的、梦幻般的音乐《梦幻曲》。

经验准备：看过夏天的萤火虫，观察过天上的星星。

活动过程

一、幼儿观察图片，了解散文中的角色。

1. 出示挂图，引导幼儿仔细观察画面的内容。

教师：画面上有谁？

引导幼儿细致观察画面，了解夏季特征。

二、幼儿边看图边感受散文的意境美，尝试有感情地朗诵散文。

1. 教师朗诵散文一遍，自然地根据作品的内容，用艺术性的语言对"温柔""摇晃""淡淡的"等词语做简单的解释。（如用和诗歌相匹配的语言对词语进行形象化的解释："月光洒在我们的身上有什么样的感觉？轻轻的、软软的，就像妈妈的手在抚摸我们，非常温柔。"鼓励幼儿通过动作模仿，感受并理解词语）

2. 教师在音乐的伴奏下有感情地朗诵散文。

教师：散文的名字叫什么？散文里有谁？

你最喜欢散文里的哪句话呢？（教师帮助幼儿按照散文句式完整表述）

三、幼儿边看图边有感情地朗诵散文。

1. 幼儿看图，跟随教师朗诵散文。

教师：我们一起念一念散文，老师声音大一些，你们的声音小一点。

2. 教师针对幼儿朗诵的情况，用提问或要求幼儿模仿的方式，指导幼儿有感情地再次朗诵散文一遍。

教师：散文中说天空是什么？月亮呢？

萤火虫怎么变成了小星星？请你来飞一飞，试一试！

四、游戏：变变变。

1. 引导幼儿用不同的动作表现自己所变的不同形状的星星。

教师：星星是什么样子的？你会用动作表示吗？

还有什么样的动作可以表示星星？

2. 引导幼儿用动作表现萤火虫的不同飞法，鼓励和表扬创编了与别人不同动作的幼儿。

教师：萤火虫是怎么飞的？除了向前飞，还可以怎么飞呢？

五、在音乐的伴奏下，教师带领幼儿有感情地朗诵散文。

活动建议

建议家长在晚上带领幼儿到小区或社区的绿化带捕捉萤火虫，观察萤火虫发光的现象，让幼儿进一步了解萤火虫，并产生兴趣。

附散文诗：

萤火虫和星星

太阳下山了，月亮升起来了。

天空是一块深蓝色的玻璃，月光是一条温柔的河。

萤火虫开始飞舞，小草和野花也开始舞蹈。他们摇晃着枝叶，给草丛扇出一阵阵清凉的风。

萤火虫飞舞得更开心了，飞着飞着，他们竟然在天空中迷路了。

他们一直往上飞，飞着飞着，最后和星星们待在一起。

当萤火虫停住不飞的时候，他们就变成了星星。

萤火虫变的星星和别的星星一样，忽闪着淡淡的光。要是他一不小心掉下来，掉到草丛里，他们又会变成萤火虫。

有一些星星是萤火虫变的，有一些萤火虫是星星变的。

活动三　夏天火辣辣（健康）

活动目标

1. 知道夏天在户外活动时，需要用适当的方法防晒。
2. 愿意尝试多种防晒方法，学习保护皮肤的方法。

活动准备

物质准备：夏天太阳火辣辣的图片，皮肤晒红晒伤的图片，涂防晒霜的图片，树荫下行走的图片，打伞的图片，戴太阳帽和墨镜的图片。防晒霜、太阳伞、太阳帽、太阳镜等实物。

经验准备：幼儿对夏天里成人的防晒措施有初步了解。

活动过程

一、教师创设情境，导入活动。

配班教师头戴太阳帽、身穿蝴蝶披风、戴墨镜走进教室。

教师A：外面的太阳好晒啊！

教师B：×老师身上都穿戴了些什么呀？她为什么要穿戴这些呢？（可以防晒，保护自己不被晒伤）不穿这些可不可以？如果不穿这些会发生什么事情呢？

二、观察图片，了解夏季的太阳火辣辣，阳光会晒伤皮肤。

1. 观看皮肤被太阳晒红的图片。

教师：图片中这个人的皮肤怎么啦？为什么会这样？（夏天阳光火辣辣，没有保护，皮肤会被晒伤）

2. 观看皮肤被晒脱皮的图片。

教师：如果不好好保护自己的皮肤，太阳会把皮肤晒脱皮。

三、结合日常生活经验讨论：夏季里怎样防晒。

1. 出示防晒用品图片。

教师：夏季里，我们外出时可以怎样保护自己的皮肤？

（出门前涂防晒霜、树荫下行走、打伞等）

2. 了解各种防晒用品的使用方法。

教师：防晒霜应该怎样使用呢？

（出门前均匀地涂抹在露在外面的皮肤上，不能太多，也不要过少）

太阳伞是怎么用的呢？

（初步尝试打开太阳伞，开伞时要注意不要夹到手）

太阳镜又是怎么用的呢？

（请幼儿戴一戴）

四、分组活动，尝试操作。

教师：我们要出门了，该做些什么呢？一起来做做吧！

五、小结。

教师：夏天的太阳火辣辣，我们不但要保护好自己，也要提醒周围的人一起保护自己哦！

活动建议

此活动可延伸至美工区，折叠或装饰各色帽子，涂色练习"七彩阳光"等。

活动四 枝枝丫丫的树(美术)

活动目标

1. 在观察、欣赏图片的基础上,感受不同姿态树枝的造型美。
2. 尝试用长长短短、弯弯曲曲的线条表现树枝和树杈。
3. 能主动选择自己喜欢的颜色,体验玩色活动的快乐。

活动准备

物质准备:多种形态的树的图片;美工材料,如水粉颜料(每组3~4种色彩调制出的颜料),水粉笔,幼儿两人一张尺寸为60 cm×80 cm的画纸,并请大班幼儿事先在画纸上画出树干的造型。

经验准备:幼儿已观察过周围环境中的各种树木,重点欣赏过树枝的多种造型变化。

活动过程

一、回忆生活中的树。

1. 引导幼儿根据生活经验描述对大树的印象。

教师:我们的幼儿园有许多美丽的大树,它们是什么样子的?

二、欣赏各种不同姿态的树。

1. 幼儿观察图片,欣赏树枝的造型美。

教师:大树的树干上面有什么?(树枝)树枝是什么样子的?像什么?树枝是往哪里生长的?(重点引导幼儿观察树干、树枝的生长变化,发现树枝长在树干上,有的树枝粗,有的树枝细,同时引导幼儿用手臂模仿树枝的生长方向)

三、欣赏树枝曲直的造型特点。

1. 对比:直直的树枝和弯弯的树枝分别是什么样子的?它们看起来像什么?
2. 引导幼儿通过手臂书空练习,感受枝条不同的生长形态和生长方向。

教师:请你想象自己就是一棵树,手臂和手指就是树枝,自由地用身体动作表现树枝的生长方向。

四、师幼共同小结树枝的多种造型。

小结:大树有粗粗的树干,树干上有许多树枝,有的直直的,有的弯弯的,有的长长的,有的短短的,它们都连接在一起生长。

五、尝试用水粉笔表现笔筒形态的树枝。

1. 师幼共同探索，请个别幼儿示范。出示画有树干的画纸，请一名幼儿在教师的鼓励下进行局部示范，主要表现树枝如何分叉。其他幼儿模拟表现树枝。

教师：我们要用水粉和颜料来给大树添上许多的树枝。

2. 幼儿尝试表现茂密的枝丫。

3. 教师重点指导幼儿大胆表现出不同生长方向、不同曲直、不同疏密的树杈。

六、幼儿相互欣赏和交流作品。

活动五　玩水（科学）

活动目标

1. 喜欢玩水，体验水会流动的特点。
2. 观察、发现玩水时的简单现象，愿意用语言表达自己的发现。
3. 在玩水和探究中，愿意和同伴分享自己的玩具。

活动准备

物质准备：幼儿自带玩水工具和玩具，用大盆装水放在室外阴凉的地方或洗手间；水流声音效，各种小瓶，扎了眼的塑料袋，牛奶，小石头。

经验准备：幼儿在家或在其他的游戏场所玩过水。

活动过程

一、谜语导入活动，激发幼儿兴趣。

1. 教师出谜语。

教师：手抓不起，刀切不开，早晨起来洗脸洗手需要它。（谜底：水）

2. 听录音（水流）。

教师：这是什么声音？（水流动的声音：叮咚叮咚、哗啦啦）

二、通过实验了解水的特性。

实验一：水会流动。

1. 让幼儿动手自由戏水（用教师提供的各种小瓶、扎了眼的塑料袋），感受水的一些特性。

2. 要求幼儿在戏水时把衣服袖子拉高，及时用毛巾把手擦干净。

3. 教师：捧一捧水，水会留在你手心里吗？用手抓一抓，抓得住水吗？用塑料袋装水，水会怎么样？水是什么形状的？

4. 小结：水是会流动的。

实验二：水没有固定形状。

1. 请幼儿用提供的各种戏水工具盛满水，让幼儿感受和体会水的形状。

2. 要求幼儿在实验后及时擦干手。

3. 教师：水装到脸盆里是什么形状？水装到塑料袋里是什么形状？水装到瓶子里是什么形状？

4. 小结：水没有固定的形状。

实验三：水是透明的、无色无味的液体。

1. 教师出示一杯牛奶和一杯水，让幼儿仔细观察，再让个别幼儿上来尝一尝、闻一闻，然后放两块小石头到两个杯子里，让幼儿观察。

2. 教师：哪杯是水？哪杯是牛奶？为什么？你是怎么知道的？你能从哪个杯子里看见刚才的小石头？

教师总结：水是会流动的，水没有固定的形状，水是透明的，没有颜色，没有味道。

活动建议

1. 通过玩水活动培养幼儿节约用水的意识。

2. 实验过程可以让幼儿多参与，让幼儿的各种盛水容器发挥作用。

附 录

小班幼儿一日生活作息表（试行）

2016年9月

小班作息时间安排	
时间	活动
7:45—8:00	入园
8:00—9:00	区域、生活活动、晨谈
9:00—9:10	早操
9:10—9:40	晨间锻炼
9:40—10:10	户外活动
10:10—10:30	集体活动
10:30—11:00	创造性游戏
11:00—11:10	餐前准备
11:10—11:50	午餐
11:50—12:10	散步
12:10—14:30	午睡
14:30—15:15	生活活动
15:15—15:45	户外活动
15:45—16:00	文学艺术活动
16:00	离园

日常教育、备课及环境规范要求（试行）

2016 年 9 月

分类	具体要求
日常教育教学规范	1. 教学活动要准备教学具放在手边，方便使用。区域环境和材料要及时更新，保证半数是自制游戏材料。重视创造性游戏的开展。 2. 游戏或区域活动时间是教师、保育老师观察和指导幼儿的时间。按一日生活作息表安排幼儿一日生活，不随意拖拉。 3. 每天完成逐日计划，每天进行有目的的观察和及时的反思、总结。计划中要真实写出想做的事和正在做的事，入园及离园阶段的接待中要及时回应每一位幼儿和家长。 4. 幼儿作品当天展出，每天替换、整理或增添操作材料，环境和材料要体现教育性、审美性、环保性。 5. 对班级环境变化以图文方式及时进行记录，每月 20 日前完成并上交班级区域活动记录 PPT。
让幼儿的成长看得见	1. 每个主题要有相应环境，环境中要呈现主题进展、幼儿参与、家园互动，及时快速更新。 2. 为每个幼儿建立《健康成长手册》，要反映出各个主题中幼儿活动的情况，要突出幼儿某方面的能力增长，要有幼儿轶事记录，要有幼儿学期发展评估。其中一个主题要有 1～2 张幼儿照片、1～2 张作品，并在照片和作品上附教师的评述、文字记录（时间、内容和评价）。要和学期末的教师评估、评语建立联系，让评估有据可依。 3. 班级门口始终要体现欢迎家长和孩子的氛围，并每两周调整 1 次，体现新意和配合教育活动内容。 4. 班级里的 4 张表格：一日生活作息表、区域游戏选择表、日历表、班级职责表，成为班级活动组织的重要组成部分。
让健康特色看得见	1. 以幼儿"亲近自然、热爱运动、良好品性、乐于探索"为户外活动发展目标，合理安排户外活动内容，体现教育价值，重视种植活动中幼儿的参与和记录，重点关注幼儿户外探究兴趣的培养和能力的提高。 2. 设立健康保育互动墙面，至少每月更新 1 次，设立形式多样的健康区，例如：精细动作发展区、生活能力探索区、人际合作建构区等。 3. 每周安排 1 次体育教学活动，突出以游戏为主的基本动作练习。 4. 坚持每月 2 次户外混龄健康大活动，营造热爱运动、喜欢挑战的氛围。

教师观察用表（范例）

2012年2月9日

时间	2012.2.9 （上午 10:20—10:45）	地点	活动室 （建筑工地区域）
观察对象	陈××（男）、张××（男）、韩××（男）		
观察目的	观察幼儿合作建构的表现		
儿童表现 及行为	今天，三个男孩子选择了建构游戏。主题是合作建构，完成一个作品。 　　陈××："我们来一起搭东西吧，搭什么呢？"半天没有人回答他的问题，"那我就自己来搭吧！"他开始自己搭起来。 　　张××在一边已经把积木架空了一层，积木不太稳当，倒了下来，"我们还是一起来搭吧！"张××发出了邀请，陈××立刻参与进来，两个人有了合作。 　　韩××在一边一个人搭建自己的大厦。"看，我的大厦，有100层高。"韩××骄傲地介绍着。大家都过来看，不知道谁碰到了积木，"哗"地一下积木全倒了，韩××大叫起来，发起了脾气。 　　十几分钟过去了，三个人还是什么作品都没有。但韩××已经开始加入了张××、陈××的合作中，作品是一个围合的房子，他们把它命名为"世界大楼"。		
分析	1．合作建构对这三个幼儿来说有一定的难度，他们互相之间不能配合、协商，还停留在平行游戏状态。 2．建构技能运用方面，初步掌握了平铺、围合、简单架空，还不能运用更多的技能。		
措施	1．提供更多的合作游戏、合作学习的机会，让幼儿知道什么是合作，怎样合作，学会合作的方法。 2．在下午时间，适当增设建构游戏的集体性教学，教给幼儿一些建构方法。 3．增加同伴间分享学习的机会，让幼儿通过观赏同伴的作品进行学习。		

提供者：王妍

幼儿相片作品记录表（范例一）

姓名：子萱　　　　日期：4月10日　　　　学期初■　　　　学期末□

相片：

评语：
　　子萱还是不愿意放下她的小熊，哪怕是在户外搭积木的时候还是带着。搭积木的过程中子萱的注意力是非常集中的，她试着把一块块积木连起来变成一列火车。小熊这个时候已经被她压在了手底下，变得扁扁的。可是即便这样，子萱还是不忘记她的小熊。

领域	核心项目1	核心项目2	个人项目
健康	□	□	□
科学	□	□	□
语言	□	□	□
艺术	□	□	□
社会	■	□	□

提供者：杨己洁

幼儿相片作品记录表（范例二）

姓名：周××　　　日期：2012年2月28日　　　学期初■　　　学期末□

相片：

评语：

　　周××在健康区中学习使用筷子给蔬菜分类。由于这个游戏已开展了一段时间，小朋友都已学过如何正确拿筷子，因此他的基本动作还是比较正确的。在夹取较大的蚕豆和洋花萝卜时，不费力地就能很快夹出来。在夹最小最滑的豌豆时，他发现和刚才比就难了，这时周××先把筷子对齐，手拿着筷子的最下端，很想用力。这对于初学筷子的小朋友还是很有挑战的。在练习时，还是要鼓励周××坚持手持筷子的中上端，通过多次练习掌握灵活使用筷子的方法。

领域	核心项目1	核心项目2	个人项目
健康	□	□	□
科学	□	□	□
语言	□	□	□
艺术	□	□	□
社会	■	□	□

提供者：王灿灿

《儿童日记》(范例)

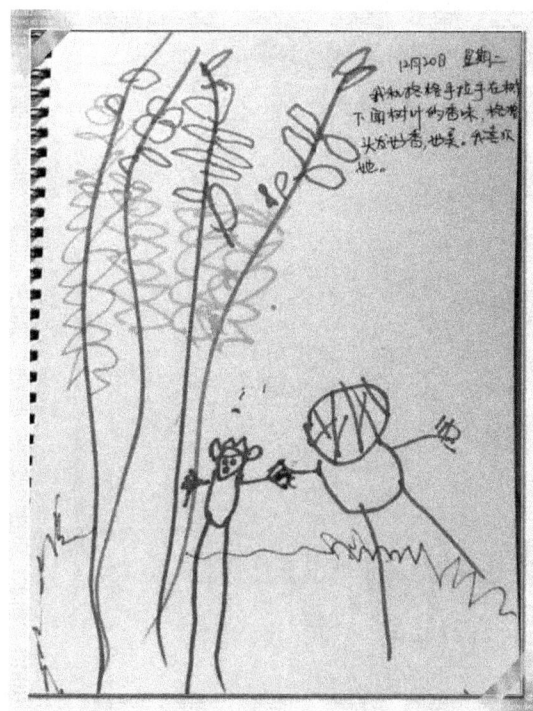

小班《儿童日记》（一）

小班《儿童日记》（二）

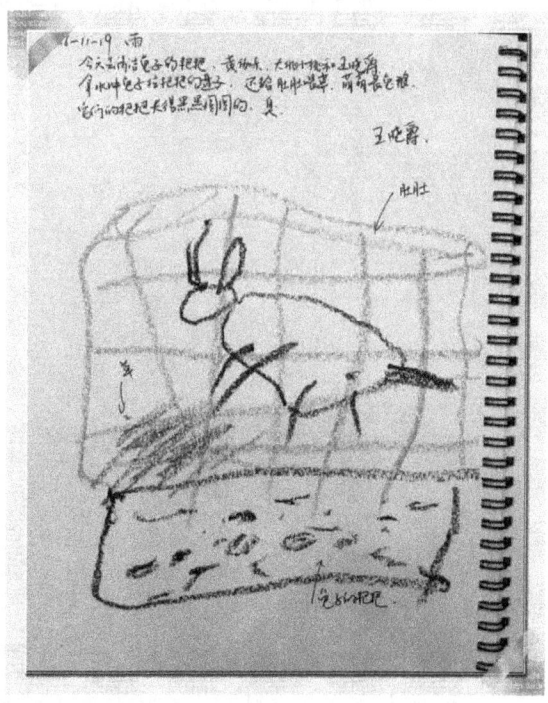

中班《儿童日记》(一)

中班《儿童日记》(二)

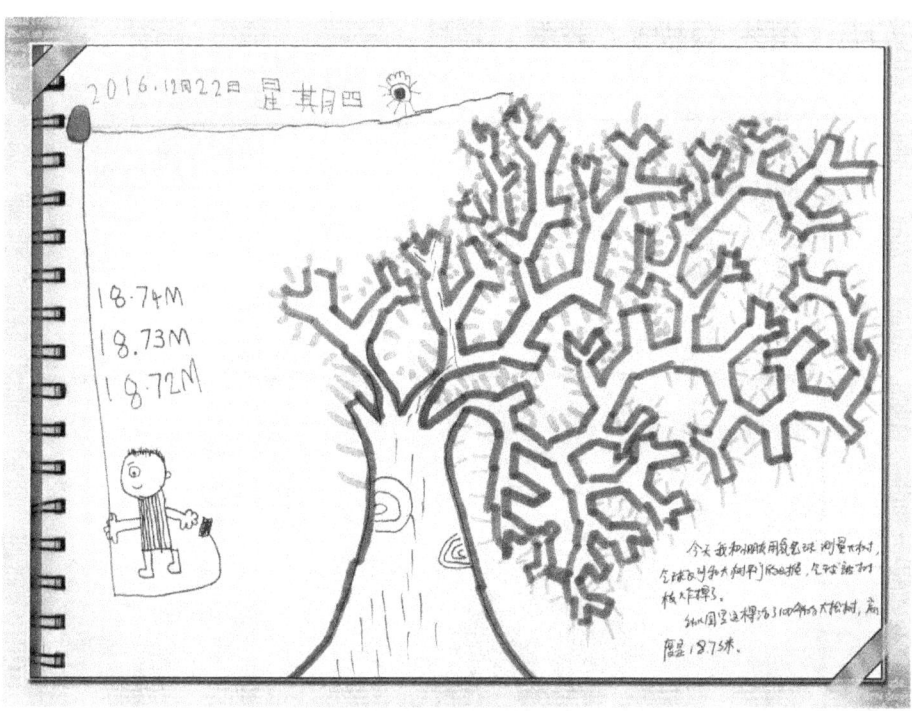

大班《儿童日记》(一)

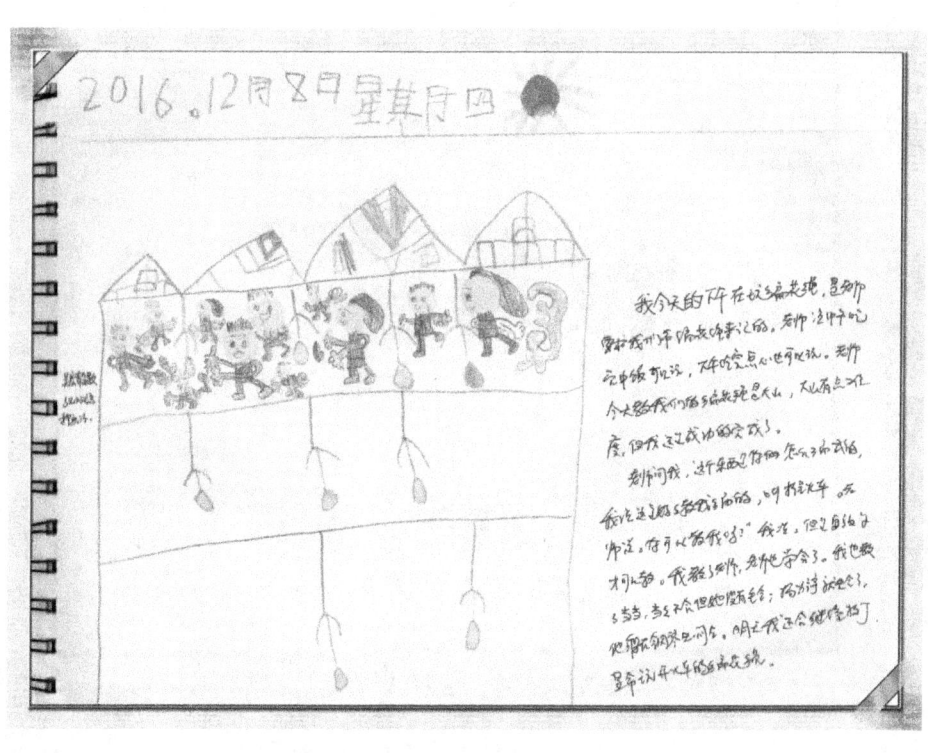

大班《儿童日记》(二)

小班幼儿《绘本漂流》(范例)

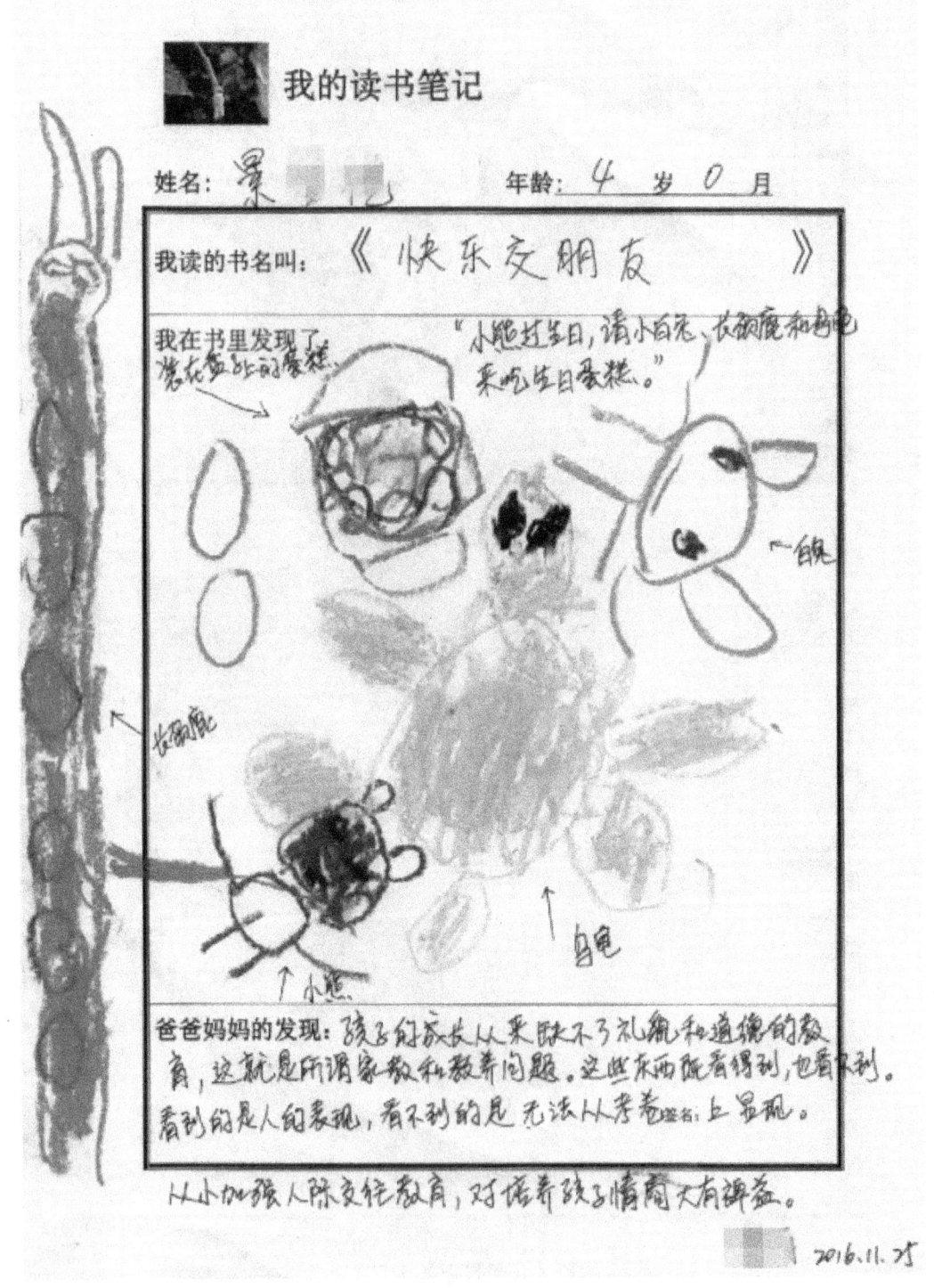

班组会议记录表（范例）

班级	大三班	时间	2016 年 10 月 10 日
主持人：王秋悦 参加人：王芳　王妍 主要内容： 一、前期工作 1．戏剧《老鼠嫁女》准备到位。工作量较大，新主题已经进入"我和大树做朋友"，下周展演给家长观摩。 2．区域：主题环境的创设工作，深入开展。 3．区域的教育指导，人员分工进一步明确。 4．新主题活动（绘本 5×2=10 本购买）。 5．《还给孩子》语言区，《叶脉》美工区调整。 二、幼儿的情况 近期生病的孩子较多，做好以下调整工作： 1．多喝水。 2．开窗通风。 3．休息。 4．吃药问题。 5．体检单回收（补检）。 三、特殊儿童的教育工作 1．宝宝近期进步较大，奶奶陪同 1～2 个月。 2．继续关注，进一步教育和引导。 四、后期工作 1．周五戏剧展演，化妆（美叮当、新娘等）。 化妆—换演出服（9∶20）—候场 2．生活馆。 包饺子（2～4 组）：饺皮、饺馅准备工作要落实。 3．元旦活动准备。			

备注：各班每月进行一次班组会议，并及时做好记录。

小班幼儿发展评估表

作品取样系统发展检核表（3~4岁） 尚未发展：儿童无法展现指标行为 发展中：儿童间歇性地展现指标行为 熟练：儿童稳定地展现指标行为			学期末			学年末		
			尚未发展	发展中	熟练	尚未发展	发展中	熟练
健康与动作	大动作发展	1．保持正确的站、坐和行走姿势						
		2．能协调地做出走、跑、跳等基本动作						
	精细动作发展	1．愿意探索使用常见的工具						
		2．能手眼协调地完成简单的操作						
	个人健康与安全	1．有初步的自我服务意识						
		2．能在成人的提示下完成日常自我护理						
		3．学习健康与安全的简单规则，知道避开危险保护自己						
语言与文学	听	1．能倾听并了解意义						
		2．依从两个步骤的指示行事						
	说	1．能够说出自己的需要						
		2．喜欢模仿新词汇和句子						
	读	1．喜欢看书						
		2．理解听到的故事并有回应						
	写	1．通过画、说和扮演表现故事						
		2．以涂鸦的方式表达意思						
科学与自然	数与运算	1．对数量、形状、规律等简单数学概念感兴趣						
		2．理解5以内的数量关系，并在生活中简单运用						

续表

作品取样系统发展检核表（3~4岁） 尚未发展：儿童无法展现指标行为 发展中：儿童间歇性地展现指标行为 熟练：儿童稳定地展现指标行为			学期末			学年末		
			尚未发展	发展中	熟练	尚未发展	发展中	熟练
科学与自然	科学探究	1．对生活的环境感兴趣，以感官观察和探索自然世界						
		2．愿意尝试运用各种工具探索大自然的秘密						
艺术与审美	音乐感知与表达	1．喜欢倾听音乐，能随韵律做简单动作						
		2．愿意参加集体表演，一起唱简单童谣						
	美术感知与表达	1．喜欢涂涂画画，大胆地使用工具材料进行美术活动						
		2．喜欢美术活动，体验美术活动的快乐						
社会与情感	自我意识	1．愿意参加集体活动，觉得自己很能干						
		2．在指引下遵守简单的活动常规						
	社会文化	较快适应和熟悉幼儿园新环境						
	与他人关系	1．愿意和哥哥姐姐成为朋友						
		2．愿意和同伴互动，能对同伴表示喜爱、关心和同情						

南京市第二幼儿园幼儿健康行为规范

小班：
　　幼儿园里真开心，健康宝宝人人爱。
　　手心手背洗干净，大口吃饭不要喂。
　　照着镜子擦嘴巴，衣服裤子自己脱，嘘嘘臭臭快快去。

中班：
　　豆豆蚁，长大啦！爱刷牙，爱洗脸。
　　修指甲，不吃手。打喷嚏，掩嘴巴。
　　吃饭香，不挑食。坐得正，站得直。
　　知冷暖，会穿脱。理图书，收玩具。
　　小椅子，排整齐。豆豆蚁，真正棒！

大班：
　　勤洗澡，常换衣，内外衣服穿整齐。
　　惜粮食，会用筷，桌上饭粒捡干净。
　　学拖地，学擦桌，公共卫生大家做。
　　头放正，胸挺直，坐立姿势要端正。
　　爱运动，常锻炼，动静交替很科学。
　　早点睡，早点起，起卧时间有规律。
　　懂礼貌，讲卫生，我是二幼小主人。

后 记

"幼儿园生命成长启蒙教育课程"一路走来，承载了二幼几代人的心愿，"让每个幼儿健康成长"是二幼教育人几十年的不懈追求。自2010年9月至今，历经七年的重构实践，从园部领导到一线教师，带动幼儿和家长全面卷入课程实践，从教育理念到课程实施呈现了富有创意的诠释。在"十三五"之际，我们欣喜地看到了《幼儿园生命成长启蒙教育课程》丛书的首次出版。

这一切来之不易，特别想对很多人说感谢。首先，要感谢的是二幼历任领导和全体教师为此付出的艰辛和努力。朱玉华园长、张珲娟副园长、朱清副园长在任期间开始了"生命成长"的课程研究，初步形成了绿色和谐校园文化体系，这为我们"生命成长启蒙教育课程"奠定了坚实的基础。陈学群园长带领我园管理团队用踏实诚恳的态度走进教育现场，和教师们一起围绕幼儿"生命成长"、教师"生命成长"、校园文化"绿色和谐"进行了深入细致的课程文化实践研究，践行着"生命孕育于自然之源，成长得之于和谐之境"的指导思想，致力于"促进幼儿全面而和谐、自由而充分、独特而富有个性的发展"，提出教育要"尊重幼儿、崇尚天性"，要让幼儿获得"自由充分"的发展，要培育"完整儿童"。在生命成长启蒙教育课程理念下的幼儿是"亲近自然、热爱运动、良好品性、乐于探索"的，这些教育理念和实践成果，为梳理和发展"幼儿园生命成长启蒙教育课程"奠定基础，指明了方向。

其次，要感谢二幼的所有教师，是他们结合课程发展目标，创造性地构建了课程框架和课程实施内容与方式。感谢课程试点班的教师对课程做出开拓性的研究，并提供了详实的教学反思和儿童观察。感谢由园教科室、年级组长、南京市、区教研骨干和高校研究生等多位教师组成的实践智囊团，在课程推进研究过程中，在我们遇到困难时敞开心扉、出谋划策、梳理思路和开拓实践。

感谢南京师范大学虞永平教授、顾荣芳教授、许卓娅教授、刘晶波教授等专家一直以来在我园课程发展和建构方面无私的关怀和专业的指导；感谢南京师范大学冯建军教授在"幼儿生命化教育"理念中的引领，感谢华东师范大学刘晓东教授、南京师范大学张永英教授对课程理念提升的指导；感谢在"九五""十一五""十二五"期间，来我园指导的唐淑教授、张慧和教授、邱学青教授、张俊教授，是你们的专业引领，为二幼后期发展奠定了基础。

《幼儿生命成长启蒙教育课程》丛书分为《幼儿园生命成长启蒙教育课程·教师用书》《幼儿园特色课程实施方案》和《幼儿园区域游戏总动员》三部分，《幼儿园生命成长启蒙教育课程·教师用书·小班下》由杨已洁和陈乐著。李冰、王灿灿、周渊、景骏、郭寒、王芳萍等教师参与了本课程的实践。除了感谢参与实践的教师，还要特别感谢我们挚爱的二幼的孩子们，是他们让课程更加鲜活而赋有生命力，感谢一直在默默支持我们的二幼家长们，他们积极行动，主动配合，令我们的付出更有意义。衷心地感谢他们！

因为时间紧迫，本书可能有不够完善之处，请广大读者多提宝贵意见。同时，由于我们无心疏忽，可能会将您的名字暂时疏漏，请您以您宽大之心谅解我们的无心之举并继续一如既往地关心、爱护成长中的二幼！感谢！

陈学群　彭　云

南京市第二幼儿园

2017 年 10 月

图书在版编目（CIP）数据

幼儿园生命成长启蒙教育课程．教师用书．小班．下／杨己洁，陈乐著．—南京：南京师范大学出版社，2017.12（2019.11重印）

ISBN 978-7-5651-3634-4

Ⅰ.①幼… Ⅱ.①杨… ②陈… Ⅲ.①学前教育－教学参考资料 Ⅳ.① G613

中国版本图书馆 CIP 数据核字（2017）第 323934 号

书　　名	幼儿园生命成长启蒙教育课程·教师用书·小班·下
丛 书 名	幼儿园生命成长启蒙教育课程
丛书主编	陈学群
作　　者	杨己洁　陈　乐
责任编辑	周颖若　官军燕
出版发行	南京师范大学出版社
地　　址	江苏省南京市玄武区后宰门西村 9 号（邮编：210016）
电　　话	（025）83598919（总编办）　83598412（营销部）　83598297（邮购部）
网　　址	http://www.njnup.com
电子信箱	nspzbb@163.com
照　　排	南京凯建图文制作有限公司
印　　刷	虎彩印艺股份有限公司
开　　本	787 毫米 ×1092 毫米　1/16
印　　张	14.75
字　　数	319 千
版　　次	2017 年 12 月第 1 版　2019 年 11 月第 2 次印刷
书　　号	ISBN 978-7-5651-3634-4
定　　价	30.00 元

出 版 人　彭志斌

南京师大版图书若有印装问题请与销售商调换
版权所有　　侵犯必究